St. Pauli zum Anbeißen
– Von großen und kleinen Fischen und vielen guten Rezepten –
Dieter Bönig

Ein Dank...

all den Mitwirkenden an diesem Buch. Alle, die ich ansprach auf dieses »etwas andere Kochbuch«, waren spontan mit Rat und Tat zur Stelle. Und umso mehr das Layout Gestalt annahm, desto größer wurde die Begeisterung bei den Mitwirkenden. Ein besonderer Dank für die freundliche Unterstützung in Form von Beiträgen, Rezepten und Fotos an:
Andreas Elbe, Christa und Ernst Benz, Dieter Bruhn alias Aale Dieter, Günter Zint, Hans Gröschel, Harry Schmidt alias Big Harry und Gerti, Kajo Santüns und Annette Floros, Reza Balkhi, Riikka Beust und Gernot Krainer, Sascha Fähmel, Stefan Samson, Zwetan und Nora Serafino und an die Damen der Hurentour.

Auch den Fotografen von www.pixelio.de und Zdenko Baticeli einen herzlichen Dank für Ein- und Ausblicke in den Stadtteil St. Pauli.

Ohne all die hier Genannten und natürlich auch nicht namentlich genannten Mitarbeiter des Verlags wäre das Buch nicht das lebhafte Abbild eines Stadtteils geworden, das wir gern erschaffen wollten.

ISBN 978-3-86037-323-1

1. Auflage

Lüchower Str. 13a
29459 Clenze

Telefon (0 58 44) 97 11 60
Telefax (0 58 44) 9 71 16 11
mail@agrimedia.com

Satz und Layout: Zdenko Baticeli, Roswitha Kutzner
Druck: Offizin Andersen Nexö Leipzig GmbH

Dieter Bönig

St. Pauli

ZUM ANBEISSEN

Von großen und kleinen Fischen
und vielen guten Rezepten

Geschichten und Erzählungen

Ganz persönlich

Inhaltsverzeichnis

Als waschechter Hamburger Junge und direkt an der Elbe aufgewachsen, konnte sich der spätere Journalist Dieter Bönig schon immer im Genuss der norddeutschen Küche wähnen. Diese Eindrücke zu sammeln und zu einem regional bezogenen Kochbuch mit all den typischen Zutaten zu verarbeiten, war für ihn ein ganz besonderes Vergnügen. Dass der Appetit beim Essen kommt, spürte er während seiner Arbeit auf angenehme Weise und weiß nun nicht, was er an erster Stelle empfehlen soll: eines der Gerichte nachzukochen oder eines der vielen guten Restaurants in St. Pauli zu besuchen. Vielleicht möchten Sie, liebe Leser, beides tun? Das kann der Autor uneingeschränkt empfehlen.

Das Panorama des Hamburger Hafens zeigt die zentrale Lage des Stadtteils St. Pauli an der Elbe.

St. Pauli war nicht immer ein Ort, den man gern besuchte. Ehemals ein Platz, an den Unerwünschte abgeschoben wurden, fanden hier andernorts störende Handwerker, Schuster oder Prostituierte eine Bleibe. St. Pauli war für Hamburg so etwas wie das Australien für den Globus: Die in der etablierten Welt Unbequemen wurden dorthin abgeschoben. Aus einer solchen, erzwungenen Zusammensetzung der Bevölkerung hat sich bis in die heutige Zeit eine Bevölkerungsstruktur entwickelt, die irgendwie anders ist als im »Rest« der Stadt.

Die früheste Besiedlung im Bereich des heutigen Stadtteils St. Pauli bildete ein Zisterzienserinnen-Kloster. Es wurde um 1247 in der Nähe des heutigen Fischmarkts gegründet – dort, wo der Bach Pepermölenbek in die Elbe mündet. Das Kloster wurde um 1293 in den Norden der Stadt, ins ruhigere Alstertal verlegt. In diese Jahrzehnte fällt auch die Einbeziehung des Gebietes westlich der Hamburger Kernstadt bis zum Pepermölenbek in das städtische Bild. Das Wohnen war dort jedoch laut Verbot des Hamburger Rates aus dem Jahre 1306 nicht gestattet. Trotzdem bildete sich allmählich eine Besiedlung, zu der ab etwa 1550 auch vereinzelte Landhäuser des Hamburger Bürgertums zählten.

Der Stadtteil war zwar durch seine Entstehung auch einer der ärmsten Stadtteile Hamburgs. Aber vielleicht verhalf gerade diese besondere Bevölkerungsstruktur zu einer Entwicklung, die sich abhob vom übrigen Strukturwandel der Stadt.

Erst seit knapp 160 Jahren trägt der wohl berühmteste Stadtteil Hamburgs den Namen St. Pauli. Das Gebiet zwischen Heiligengeistfeld, Wallanlagen und Hafenstraße wurde Jahrhunderte lang nur »Hamburger Berg« genannt,

»Pepermölenbek« steht für den Anfang der Geschichte eines Stadtteils.

namensgebend durch die abfallenden Hänge von der Bernhard-Nocht-Straße zur Elbe hin von einer Geesthöhe, die sich von Hamburg in Richtung Westen bis nach Wedel erstreckt.

Im Wandel der Zeit:

Zu Beginn des 19. Jahrhunderts besteht das »Vergnügungsviertel« aus einigen hölzernen Krambuden. Anfang des 20. Jahrhunderts sieht es schon ganz anders aus auf dem Hamburger Berg. Das Heiligengeistfeld wird offiziell zum Domplatz ernannt – durch eine Marktordnung, datiert auf den 5. Januar 1900.
Zehn Jahre später rollt am Heiligengeistfeld im heutigen Millerntor-Stadion der Ball für jeweils 90 Minuten. Die neue Fußball-Leidenschaft heißt FC. St. Pauli. Da hier nicht unbedingt die bravsten Bürger wohnen, wird 1914 eine weitere »St. Pauli-Premiere« gefeiert. Die Davidwache nimmt ihren Dienst auf, heute eine Polizeiwache, die man überall im Land kennt.
1925: Neu auf St. Pauli ist das »Zillertal«. Hier wird zu bayerischer Blasmusik geschunkelt und getrunken. 1936: Der Fußballverein des FC. St. Pauli hat die meisten Mannschaften in Hamburg: 24 Herren- und 26 Jugendmannschaften, die sich ausschließlich aus St. Paulianern zusammensetzen.

Dunkle Zeiten

In der Nacht zum 4. Mai 1942, genau 100 Jahre nach dem großen Brand in Hamburg, zerstört ein Luftangriff das so genannte Trichtergebäude und damit eine Legende von St.Pauli. Das »Ballhaus Trichter«, am Millerntor gelegen, lud zum Verweilen ein. Sein trichterförmiges Dach gab ihm den Namen, unter dem es weithin bekannt wurde. Auch die Gebäude am Spielbudenplatz werden ein Opfer der Bomben des Zweiten Weltkriegs. Aber das St. Pauli Theater bleibt fast unbeschadet stehen. Die Tanzbetriebe und Theater entlang der Reeperbahn vom Zirkusweg bis zur Großen Freiheit sind größtenteils zerstört.

War is over

Der Stadtteil insgesamt hat die Bombenabwürfe relativ gut überstanden. Der bemerkenswerte Altbaubestand aus dem 19. Jahrhundert bestimmt bis in die Gegenwart das Bild St. Paulis. Das »Operettenhaus« am Spielbudenplatz, heute

Das Operettehaus am Spielbudenplatz ist die Adresse für Musicals in St. Pauli.

den meisten Gästen sicher durch das lange Jahre gespielte Musical »Cats« bekannt, öffnet 1953 seine Tore.

Eine neue Ära

Der Star-Club eröffnet im April 1962 in der Großen Freiheit 39, im ehemaligen Stern Kino. Der Star Club, einer der größten Rock 'n' Roll Clubs Hamburgs, platziert am Puls des Vergnügungszentrums St. Pauli, zwischen Pornoclubs, Kneipen und Puffs, entwickelt sich in den anbrechenden Sixties zum wohl bekanntesten Beat-Club der Welt. Die Konkurrenten des Star-Club sind der Kaiserkeller und das Top Ten. Bill Haley, Little Richard, Fats Domino, Eric Burdon & The Animals, Tommy Roe, viele weitere internationale Stars der Musikszene und natürlich die Beatles am Anfang ihrer Karriere sorgen hier für brodelnde Stimmung.

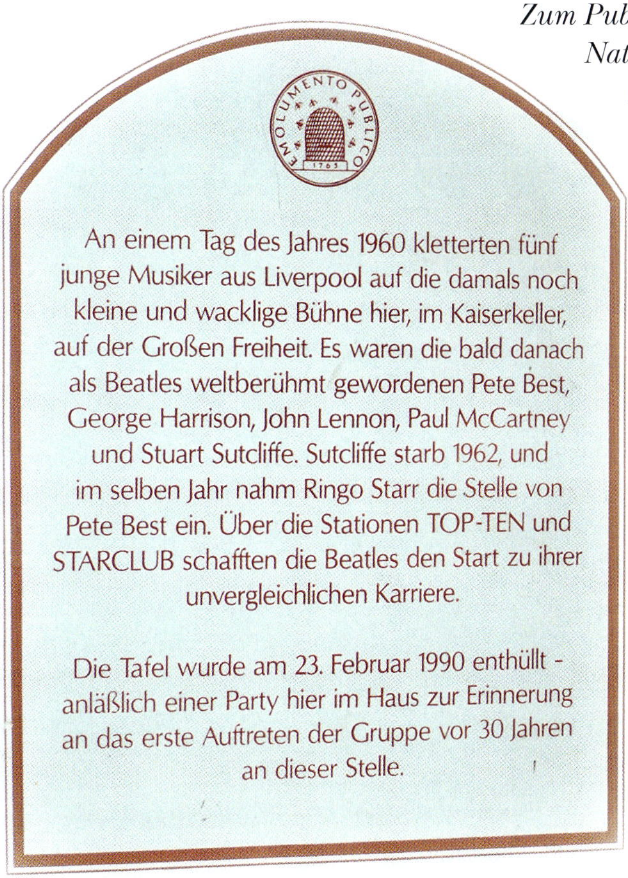

Zum Publikum des Star-Club gehören Seeleute, Nato-Soldaten auf Landgang, deutsche Rock-Freaks, Touristen, Prostituierte, die ihren Arbeitsplatz gleich nebenan haben, Zuhälter und Dealer – eine Mischung aus vielerlei »Zutaten«. Doch 1969 ist alles vorbei.
Der Star-Club schließt für immer. Eine Ära geht auf St. Pauli zu Ende, die den Namen »Große Freiheit« in der ganzen Welt bekannt machte. Das Salambo wird in der Großen Freiheit 39 etabliert – bis 1983. Ende der achtziger Jahre des 20. Jahrhunderts kam das Viertel langsam wieder in Mode, das noch wenige Jahre zuvor einem Abgesang Udo Lindenbergs standhalten musste: »Kulisse für 'nen Film, der nicht mehr läuft – ich sag dir, das tut weh…«.

Die Karriere der Beatles begann nicht wie hier auf Leinwand, sondern Anfang der Sixties in der Großen Freiheit auf St. Pauli.

Aufbruchstimmung

Für neues Leben in alten Gemäuern sorgen Corny Littmann und Ernie Reinhardt. Sie gründen 1988 das »Schmidt«. In den Räumen des ehemaligen »Tanzcafé Kaiserhof« lassen sie die Tradition des Varietés wieder aufleben. Der Erfolg übertrifft die kühnsten Erwartungen. Cabaret, Akrobatenkunststücke und vor allem die »Schmidt-Show«, die von Mitternacht bis in die frühen Morgenstunden dauert, entwickeln sich zum Publikumsmagneten. 1991 wird das »Schmidt Tivoli« durch die Betreiber des »Schmidt« im ehemaligen »Zillertal« eröffnet.
Studenten, Rentner, Sozialhilfeempfänger, Selbstständige, Künstler und Intellektuelle finden sich ein im mehr und mehr salonfähigen, bunten und schillernden St. Pauli. Musicals, Theater und Varieté wie auch Feinschmeckerrestaurants zieht es wie magisch an diesen Abschnitt des Elblaufs. Heute muss man als Gast der Stadt in St. Pauli gewesen sein, aber natürlich, ohne dass herablassende Bemerkungen diesen Besuch kommentieren.

Theater, Musical und Varieté haben sowohl im Schmidt als auch im Schmidts Tivoli seit langer Zeit Hochkonjunktur.

Der Kiez

Obwohl St. Pauli ein bedeutendes Wohngebiet in Hamburg ist, kennt man den Stadtteil weit über die Grenzen Hamburgs hinaus vor allem durch sein Vergnügungsviertel. Dieses umfasst jedoch nur ein behördlich festgelegtes Teilgebiet. Hier gilt für die Gastronomie keine Sperrstunde. Das betrifft die Reeperbahn, den Spielbudenplatz und weitere Parallel- und Seitenstraßen wie etwa die Herbertstraße oder die Große Freiheit. Tatsächlich existiert in St. Pauli eine Vielzahl kleinbürgerlicher Wohnstraßen. Ebenso ist das Stadtviertel bei Studenten und aufstrebenden Künstlern, nicht zuletzt wegen der zentralen Lage und des ausgesprochen vielfältigen und toleranten Milieus sehr beliebt. So gibt es in St. Pauli noch einige fast parallel zueinander lebende soziale Schichten, die sich nur gelegentlich berühren.
Trotz krimineller Tendenzen der Drogen-, Mafia- und Zuhälterszene konzentriert sich das Hamburger Nachtleben zunehmend auf St. Pauli. Als Vergnügungsviertel beherbergt das Viertel eine Vielzahl an Musikclubs, Kneipen und Diskotheken unterschiedlichster Stilrichtungen und Qualität, die jedes Wochenende Ziel von Hamburgern und Touristen sind. Nebenbei gemerkt: Laut »Die Zeit« hat St. Pauli und die unmittelbare Umgebung rund um das Karoviertel die höchste Dichte an Plattenläden mit Vinyl-Schwerpunkt in Deutschland.
In St. Pauli finden sich mehrere kleine Kunstgalerien, von denen einige von Künstlern selbst geführt werden. Die Kneipe La Paloma am Hans-Albers-Platz zum Beispiel wird vom Maler Jörg Immendorff betrieben. Die Hans Albers darstellende Statue auf dem Platz wurde ebenfalls von Immendorff gestaltet. Die Galerie Nomadenoase befindet sich am Sankt Pauli Fischmarkt im Golden Pudel Klub, der von den Musikern Schorsch Kamerun und Rocko Schamoni betrieben wird. Mit dem Park Fiction, einem von Künstlern und Anwohnern erkämpften und entworfenen Park, befindet sich eines der bedeutendsten Beispiele für Kunst im öffentlichen Raum an St. Paulis Hafenrand.

Kulinarisches

Die Hamburger Küche wurde vormals besonders geprägt durch ein umfangreiches Fisch-Angebot aus der Elbe und der nahen Nordsee, und die einst große Flotte der Finkenwerder Fischer zeigte jeden Sonntag Präsenz auf

Die Hans Albers-Bronzeplastik auf dem Hans-Albers-Platz wurde von Jörg Immendorff geschaffen.

dem Fischmarkt in St. Pauli. Der weltweite Handel über den Hamburger Hafen mit importierten Gewürzen und Genussmitteln brachte das Aroma der ganzen Welt in die Stadt, und täglich frische Gemüselieferungen aus den Vierlanden vor der Haustür Hamburgs sorgten für die nötigen Nährstoffe. Das Obst aus dem Alten Land lieferte die Vitamine. Auf dieser Grundlage entwickelte sich die spezielle Hamburger Küche, die durch die heutigen Bedingungen allerdings einen großen Schub an Internationalität hinzubekommen hat.

Resümee

Isst man nun auf St. Pauli anders als in anderen Stadtteilen der Hansestadt Hamburg? Sicher sind die Grenzen der Stadt nicht die kulinarischen Grenzen, und die Aalsuppe genießt man in St. Pauli wie auch in ganz Norddeutschland. St. Pauli aber ist durch seine Lage direkt an der Elbe, am Fischmarkt und am Tor zur Welt, den Landungsbrücken, geprägt, was sich auch in der Esskultur niederschlägt. Der anfänglichen Fischküche folgten die genannten unzähligen Einflüsse internationaler Gaumenfreuden, die sich in der Küche von St. Pauli wiederfinden mussten allein schon durch die Seeleute aus aller Welt, die in den vergangenen Jahrhunderten nicht nur für einen Reeperbahnbummel ihre Schiffe verlassen hatten. Viele blieben in Hamburg, und manche von ihnen ließen sich in der Gastronomie nieder, was deutlich macht, dass ein Teil der kulinarischen Prägung St. Paulis ihr Verdienst ist.

Der St. Pauli Fischmarkt mit der Fischauktionshalle aus der Luft betrachtet.

Ebenso schillernd und facettenreich wie der Stadtteil Hamburg St. Pauli selbst stellt sich das St. Pauli-Kochbuch mit rund 200 Rezepten von traditionell bis zur internationalen Küche aus aller Welt dar. Überdies erlaubt das reich illustrierte Buch Einblicke in Essgewohnheiten, Geschichte und den Zeitgeist St. Paulis. Da sich die Essgewohnheiten nicht an den Grenzen St. Paulis orientieren, haben auch wir die Grenzen nicht so eng gefasst wie es eine Geografie des Stadtteils erfordert hätte. So sind etwa der »Michel« als Wahrzeichen der Stadt Hamburg oder der Fischmarkt, der im Westen schon das Gebiet St.Paulis verlässt, in den Köpfen der Menschen unabdingbar mit St. Pauli verbunden. Dieses wollten wir nicht außer Acht lassen und haben somit die imaginären Grenzen ein wenig größer gefasst.

Eine Küche für alle

Alle enthaltenen Rezepte wurden mit Sorgfalt ausgewählt und bieten einen Querschnitt von Speisen und Getränken, die typisch sind für die Region. Es ist in St. Pauli eine Esskultur entstanden, in der sich die Tradition, gepaart mit Internationalität, heute als Trendsetter für Gourmets darstellt.
Dieses Buch überzeugt jedoch nicht nur als Leckerbissen für Küchenkenner, sondern auch als gute Anleitung für Anfänger. Alle Gerichte sind unkompliziert zuzubereiten, und neben der umfangreichen wie auch übersichtlich geordneten Rezeptsammlung bietet das Buch zahlreiche praktische Hinweise und Tipps rund ums Kochen.
Die kulinarische Entdeckungsreise führt nicht nur zu einer regional verwurzelten Küche, sondern präsentiert zudem einen Stadtteil mit vielschichtiger Lebensart und einem ganz besonderen Charme. St. Pauli ist eben dicht am Wasser gebaut, und Wasser ist Bewegung. Diese Bewegung spürt man überall, auch die kulinarische Entwicklung machte davor nicht halt. So kommen die Leser beim Nachkochen der Gerichte vielleicht zu der Erkenntnis, dass die St. Pauli Küche eigentlich die Küche einer großen weiten Welt ist.

Viel Spaß beim Nachkochen
wünscht

Dieter Bönig

Der Hamburger Hafen ist immer wieder ein beliebtes Ziel für Großsegler aus aller Welt.

Hamburger Krabbensuppe

750 g Nordseekrabben	schälen, die Schalen in
½ l kaltes Wasser	geben, 5 Minuten kochen lassen.
1 Bund Suppengrün	putzen, waschen, klein schneiden und in
2 EL Butter	andünsten. Die Krabbenschalenbrühe durch ein Sieb zugießen, 30 Minuten kochen, dann durchseihen.
20 g Mehl	
etwas süße Sahne	in einem Topf glatt verrühren.
¼ l süße Sahne	
¼ l trockenen Weißwein	und Brühe zugeben. Unter Rühren zum Kochen bringen.
¼ TL Fleischextrakt	
2 EL Tomatenmark	
2 TL Krebsbutter	
4 EL Wasser aus der Spargeldose	zugeben. Die Suppe mit
Salz	
Cayennepfeffer	
Zitronensaft	abschmecken.
Spargel	in kleinen Stückchen und Krabben in die Suppe geben und erhitzen, aber nicht kochen lassen.

Die St. Pauli Landungsbrücken sind eine Touristenattraktion und für die Hamburger selbst ein beliebter Treffpunkt.

Fischsuppe ohne Fisch?

Die Aalsuppe hat schon so manchen Nicht-Hamburger vor ein Rätsel gestellt und zu ratlosen Blicken in den Suppentopf geführt. Bei der Bezeichnung »Aalsuppe« denkt der Nichtwissende automatisch an einen leckeren Fischeintopf. Doch kostet der Gast die Suppe, ist die Überraschung groß: nichts zu sehen vom Aal, geschweige denn zu schmecken.

Um die Verwirrung aufzulösen, muss man dem Ursprung des Namens »Aalsuppe« auf den Grund gehen. Früher kam in diesen Eintopf »aalens was noch da is«, und das waren meist Gemüse und Fleischknochen. Verfeinert wurde das Ganze noch mit Backobst und Kräutern. Aal war normalerweise nicht darin zu finden.

Heute, in einer Zeit, in der fast immer alles zu haben ist, gilt es auch meist, dem Anspruch gerecht zu werden, den hungrigen Mäulern ein paar Stücke Aal in die Suppe zu tun, damit die Aalsuppe nicht zu einer Enttäuschung wird.

Aalsuppe

1 kg Schinkenknochen	in einem großen Topf ca. 10 Minuten kochen.
1 gr. Bund Suppengrün	
150 g Backpflaumen	
200 g Backobst	hinzugeben und 1,5 Stunden kochen lassen Gemüse und Obst aus der Suppe nehmen, Fleisch vom Knochen lösen. Suppe abkühlen lassen und dann das Fett entfernen. Brühe, Gemüse und Fleisch wieder erhitzen. Mit
Salz, Pfeffer	
Essig, Zucker	würzen.
300 g Aal (in kleinen Stücken)	hinzugeben und noch etwa 10 Minuten ziehen lassen. Mit
Salbei, Thymian	
Bohnenkraut	
Majoran, Basilikum	verfeinern.

Der Aaleverkauf ist natürlich ein Klassiker auf dem Fischmarkt.

Hamburger Krebssuppe

125 g grüne Erbsen	
250 g Spargel	gar kochen.
1 kleine Kalbsniere	häuten, blanchieren, in Streifen schneiden und mit
1 ½ l Fleischbrühe	längere Zeit kochen, um den Geschmack zu veredeln.
10 frische lebende Krebse	in reichlich sprudelnd kochendes Salzwasser werfen, 5 Minuten kochen und in dem Wasser etwas abkühlen lassen. Dann das Fleisch aus den Schwänzen und Scheren entfernen und den Darm aus dem Schwanz entfernen. Die Schalen mit
75 g Butter	im Mörser zerstoßen, in einen Topf geben und mit
1 dünnen Stange Porree	(in feine Ringe geschnitten)
½ Sellerieknolle	(klein gewürfelt)
Petersilie	(gehackt)
Paprikapulver	
Muskatblüte	
Salz	bei schwacher Hitze rösten, bis die Masse deutlich rötlich ist.
1 EL Mehl	dazugeben, anschwitzen, mit der Brühe auffüllen und ca. 1 Stunde bei schwacher Hitze kochen lassen. Das klein geschnittene Krebsfleisch und das Gemüse unterrühren und kurz durchwärmen. Vor dem Servieren
2 Eigelb	mit der Suppe verquirlen.

Tipp: Dazu im Backofen gewärmte Fleurons (Blätterteighörnchen) oder heißen Toast.

Im Angebot: Die bunte Vielfalt der Unterwasserwelt.

Grünkernsuppe

150 g Grünkernmehl	mit etwas kalter Brühe anrühren.
1 Zwiebel	klein hacken. Alles mit
1 ½ l Fleischbrühe	eine gute halbe Stunde kochen lassen. Durch ein Sieb passieren. Mit
2 Eigelb	
⅛ l süßem Rahm	verquirlen. Mit
Salz und Pfeffer	abschmecken.

Hamburger Muschelsuppe

3 kg Miesmuscheln	mit siedendem Wasser bedecken und bei schwacher Hitze ziehen lassen, bis sie sich öffnen. Brühe durch ein Sieb gießen und das Muschelfleisch auslösen.
1 Stange Porree	
2 Möhren	
½ Sellerieknolle	
1 Petersilienwurzel	putzen, klein schneiden und mit
2 Lorbeerblättern	
2 Nelken	in der Brühe ca. 15 Minuten kochen, bis es weich ist. Mit
ca. ⅛ l Weißwein	
Salz	
Pfeffer	abschmecken. Das Muschelfleisch dazu geben und 5 Minuten ziehen lassen. Topf vom Herd nehmen und
2 Eigelb	mit der Suppe verquirlen.

Tipp: Dazu frisch geröstetes Toastbrot oder im Backofen erhitztes Meterbrot.

Ob Reeperbahn oder Große Freiheit – Stimmung ist des Nachts überall.

Graupensuppe

750 g Hammelknochen	waschen, mit 1 ½ l Wasser bedecken und zum Kochen bringen, abschäumen.
1 Bund Suppengrün	putzen, waschen und klein schneiden.
2 Zwiebeln	schälen und würfeln.
1 Lorbeerblatt	und
1 EL schwarze Pfefferkörner	mit den Zwiebeln und dem Suppengrün in die Hammelbrühe geben. Auf schwacher Hitze zwei Stunden kochen lassen. Die Brühe durch ein Sieb gießen und wieder in den gesäuberten Suppentopf geben.
100 g Perlgraupen (kleine Gerstengraupen)	hinzufügen.
Salz	dazu. Die Suppe ca. 1 Stunde kochen lassen, dann mit
1 TL Butter	und
Muskatnuss	(gerieben) abrunden. Inzwischen das Fleisch in kleine Stücke schneiden und, wenn die Graupen gar sind, mit
Schnittlauch	
Petersilie	
Selleriegrün	
ca 1 Tasse Porree	(fein gehackt) in die Suppe geben.

Brotbiersuppe

4 Scheiben Schwarzbrot	
4 Scheiben Feinbrot	mit Wasser weich kochen, durch ein Sieb streichen.
Schale einer Zitrone	zerreiben und dazugeben.
2 Flaschen Hamburger Braunbier	dazugießen, vorsichtig aufkochen lassen und mit
Zucker	abschmecken.

In der Großen Freiheit tut eine Kur manchmal gut.

Hühnersuppe mit Schlagrahm

1 Stange Porree	
1 Petersilienwurzel	
1 kleines Stück Sellerie	
2 Möhren	fein schneiden und mit
1 Brathähnchen oder 1 jungen, mageren Suppenhuhn mit Herz, Magen und Hals	in
1 ½ l Wasser	aufsetzen.
Salz	hinzugeben und ca. 1 ½ Stunden bei mittlerer Hitze kochen lassen. Das Huhn herausnehmen und das Brustfleisch von den Knochen lösen, enthäuten und in sehr feine Streifen schneiden. Brühe durch ein Sieb gießen, das zurückgebliebene Gemüse kurz mit heißem Wasser abspülen und wieder in die Suppe geben, nachdem man eine helle Mehlschwitze mit der Brühe glatt gerührt hat. Ca. 3 Minuten aufkochen lassen.
2 Eigelb	hineinquirlen und das Brustfleisch dazugeben
⅛ l Sahne	schlagen und vor dem Servieren in der Terrine auf die Suppe setzen. Wenn man die Suppe gleich auffüllt, in jeden Teller einen Klacks Schlagsahne geben.

Tipp: Übrig gebliebenes Fleisch kann für ein Ragout verwendet werden.

Zwei Oldies in der Bernhard-Nocht-Straße.

It's Showtime

Kleine Straße mit großer Geschichte

Nach dem Anlegen der Padua im Hamburger Hafen verlassen die drei Matrosen Fiete, Jens und Karl ihr Schiff und schlendern nach St. Pauli, um Hannes Kröger aufzusuchen. Einst fuhr der große blonde Hannes mit ihnen auf hoher See, jetzt verdient er sein Geld als Stimmungssänger im Hippodrom auf der Großen Freiheit, denkt aber immer noch gern an die frühere Matrosenzeit zurück. Aber im Hippodrom, wo es allabendlich rau aber herzlich zugeht und Liebe und Alkohol großgeschrieben werden, fühlt sich der Mann mit dem goldenen Herzen und der unverwechselbaren Stimme wohl. Noch am ersten Abend, als sich die Matrosen von der Padua im Hippodrom einfinden, wird Hannes unvermittelt ins Hafenkrankenhaus gerufen. Dort liegt sein jüngerer Bruder im Sterben. In seiner letzten Lebensstunde bittet er Hannes, sich um Gisa zu kümmern, die er kurzerhand hat sitzen lassen. Als Hannes Gisa im Binnenland aufsucht, entschließt sie sich, mit ihm nach Hamburg zu fahren. Dort zieht sie zunächst in Hannes' Wohnung am Pinnasberg ein. Obschon sie Interesse an ihm zu haben scheint, kann er sich nicht so recht entscheiden. Erst als der junge Werftarbeiter Willem auftaucht, merkt er durch seine Eifersucht, wie sehr er sich zu Gisa hingezogen fühlt. Die Begegnung mit Gisa droht den starken Mann aus der Bahn zu werfen ...

Die legendäre »Räucherhöhle« Grünspan zog schon in den 1960er Jahren eine Fangemeinde zu den progressiven Rockklängen an.

Soweit die Filmromantik aus dem Streifen »Große Freiheit Nr. 7«, mit Hans Albers in der Hauptrolle. 1944 kam der Film in die Kinos: Doch bereits seit dem 17. Jahrhundert trägt die Straße den Namen »Große Freiheit«.

Showlokale und Erotik-Cabarets vermitteln nirgendwo mehr die typische Kiez-Atmosphäre als in der Großen Freiheit. »Dollhouse«, »Große Freiheit 36«, »Safari«, »Grünspan« – um nur ein paar Namen zu nennen, stehen für das geballte Nachtleben auf St. Pauli.

In der Großen Freiheit 64 ist bis heute der Indra-Musikclub zu finden, in dem die Beatles ihre ersten Auftritte hatten, bevor sie durch ihre Konzerte im Star-Club (1962 bis 1969 in der Großen Freiheit 39) zu größerer Berühmtheit gelangten. Die Straße bietet einige weitere bekannte Musikclubs und Discotheken wie die »Große Freiheit 36« oder den »Kaiserkeller«. Geschichte und Gegenwart sind in der Großen Freiheit wie in keiner anderen Straße auf dem Kiez miteinander verschmolzen.

Im Safari in der Großen Freiheit heißt es: The Show must go on.

Hamburger Nierensuppe

1 Kalbsniere	enthäuten, blanchieren (mit kochendem Wasser übergießen, damit der bittere Geschmack weggeht) und in feine Streifen schneiden.
80 g Butter	in einem Schmortopf heiß werden lassen.
1 Zwiebel	hinzugeben und mit den Nierenstreifen kurz unter Rühren anbraten.
1 kl. Glas herben Weißwein	
1 ½ l Fleischbrühe	dazugeben und 20 Minuten kochen lassen. Das Ganze wird durch ein Sieb gegossen.
1 EL Butter	
1 EL Mehl	zu einer Mehlschwitze anrühren. Diese mit der Brühe glatt rühren. Ca. 3 Minuten unter Rühren aufkochen lassen, damit der Mehlgeschmack verloren geht.
Salz	
Pfeffer	
⅛ l Madeira	zum Abschmecken verwenden und die angebratenen Nierenstreifen hinzugeben.

Werbung wird immer noch nach Herrn Litfaß gemacht.

Greetsieler Krabbensuppe

750 g Kartoffeln	schälen, in kleine Stücke schneiden und in
⅓ l Wasser	mit
1 Bund Suppenkraut	gar kochen. Anschließend das Ganze durch ein Sieb streichen, mit
1 Prise Salz	
1 EL Petersilie	(fein gehackt)
40 g Butter (oder ⅛ l Sahne)	abschmecken.
150 – 200 g Speck (je nach Bedarf)	in Würfel schneiden, kurz anbraten und zum Schluss mit
175 g frischen Nordseekrabben	in die Suppe geben.

Kerbelsuppe

	Eine helle
Mehlschwitze	bereiten, nach und nach mit
½ l Knochenbrühe	glatt rühren und 3 Minuten kochen lassen.
1 Ei	schnell mit dem Schneebesen in der Brühe verquirlen.
100 g frischen fein gehackten Kerbel	hineinrühren, kurz aufkochen lassen.
⅛ l süßen Rahm	unterziehen und vorsichtig mit
Salz und Pfeffer	abschmecken.

Tipp: Man kann auch pro Person ein verlorenes Ei dazugeben. Dann lässt man das verquirlte Ei weg.

Falls das Hochwasser mal zu nahe kommen sollte, ist für Rettung gesorgt.

Fischklößchen-Suppe (Zutaten für 6 Personen)

300 g Rotbarschfilet	kalt abspülen, trocken tupfen und eventuell entgräten. Den Fisch im Gefrierfach anfrieren lassen und anschließend hacken.
6 EL Sahne	löffelweise zugeben und alles pürieren
1 Eiweiß	steif schlagen. Fisch mit
1 Eigelb	
1 EL Weißbrot (gerieben)	
½ TL Zitronenschale (gerieben)	
2 TL Dill	mischen, kräftig mit
1 Prise Salz	
1 Prise Cayennepfeffer	abschmecken. Dann den Eischnee unterheben, kalt stellen.
3 EL Öl	in einem Suppentopf erhitzen.
1 Zwiebel	
1 Knoblauchzehe	schälen, würfeln und in dem Öl goldgelb dünsten.
500 g Fenchel	waschen, putzen, halbieren und den Strunk entfernen. Das Fenchelgrün beiseite stellen. Den Fenchel in kleine Stücke schneiden, zu den Zwiebeln geben und kurz mit anschwitzen. Dann mit
800 ml Gemüsebrühe	
200 ml Weißwein (trocken)	aufgießen. Alles ca. 25 Minuten köcheln lassen. Mit
Salz	
Pfeffer	
Senf (ca. 1 ½ TL)	abschmecken.
5 Tomaten	überbrühen, häuten, halbieren und entkernen. In kleine Würfel teilen und in die Suppe geben. Von der Fischmasse mit einem Dessertlöffel Nocken abstechen und in der heißen, nicht mehr kochenden Brühe 10 Minuten ziehen lassen. Mit dem gewaschenen und gehackten Fenchelgrün bestreut servieren.

U-Bahn-Station St. Pauli mit der St. Michaelis-Kirche im Hintergrund.

Weinsuppe mit Schaumklößen

125 g Perlsago	mit Wasser 20 Minuten bei schwacher Hitze kochen.
1 Fl. Moselwein	
Zucker nach Geschmack	dazugeben, aber die Suppe nicht wieder kochen lassen.
4 Eiweiß	so steif wie möglich schlagen.
4 EL Zucker	löffelweise unter weiterem Schlagen mit dem Eiweiß verquirlen.
Zitronensaft	
Rum	tropfenweise dazugeben. Mit einem Esslöffel die Klöße ausstechen, auf die heiße, aber nicht kochende Suppe setzen und bei geschlossenem Topf 10 Minuten garen.

Hier geht es zur Heilsarmee in der Talstraße.

Zwetschgensuppe

500 g Zwetschgen	im Ganzen mit
1 ½ l Wasser	
Schale einer Zitrone	
4 EL Zucker	weich kochen, dann durch ein Sieb rühren und die Suppe mit
2 EL Maismehl	andicken. Noch einmal aufkochen und mit
Zucker	abschmecken.
250 g Zwetschgen	mit heißem Wasser überbrühen, die Haut abziehen, die Kerne entfernen, getrennt mit
etwas Zucker	weich kochen und zum Schluss in die Suppe geben.

Fliederbeersuppe

750 g Fliederbeeren	mit einer Gabel von den Stielen zupfen, waschen.
5 Quitten oder Äpfel	schälen und der Länge nach in schmale Spalten schneiden. Bei schwacher Hitze zusammen mit den Fliederbeeren in
1 l Wasser	
80 g Zucker	45 Minuten bei schwacher Hitze kochen.
1 EL Maismehl	anrühren in
etwas Weißwein.	Dann die Suppe andicken und mit dem in Weißwein angerührten Stärkemehl durch ein Sieb streichen.

Tipp: Dazu Schwemm- oder Grießklöße.

»Hummel Hummel« – der Wasserträger ist überall in Hamburg präsent.

So ein Theater

Vom Varieté über die Mundart bis zum Kabarett

Am 24. Mai 1841 öffnet sich zum ersten Mal der Vorhang einer neuen Bühne auf der Reeperbahn. Mit fast 1.000 Plätzen ist das »Urania-Theater« von seinen Erbauern als repräsentatives Schauspielhaus der Vorstadt St. Pauli gedacht. Doch nur drei Jahre später ist es trotz des großen Publikumzuspruchs fast schon wieder am Ende. Die Eigentümer gründen als Notanker eine Aktiengesellschaft, mit deren Hilfe das Theater fortbesteht – auch unter einem neuen, recht »sinnigen« Namen. Es heißt nun »Actien-Theater«. 1863 wird das Haus versteigert. Der neue Besitzer, Carl J. B. Wagner, übernimmt selbst die Direktion. Aus dem »Actien-Theater« wird das »Varieté-Theater«. Wagner bringt als erster Hamburger Lokalstücke auf die Bühne. Das Publikum ist begeistert und schließt das Haus am Spielbudenplatz endgültig in sein Herz. Liebevoll wird es – in Abwandlung des richtigen Namens – »Warmtee-Theater« genannt.

In den Pausen der Theatervorstellungen geht es in die Bar.

Mit Ernst Drucker, der das Theater von 1884 bis 1918 führt, beginnt eine Blütezeit im nach ihm benannten Haus. Volksstücke in plattdeutscher Sprache werden jetzt fester Bestandteil des Spielplans. Als Ernst Drucker 1921 stirbt, kauft Siegfried Simon, bis dahin Chef des Flora-Theaters am Schulterblatt, das Theater. Auch der neue Direktor hat ein Händchen für die richtigen Stücke und die zum Haus passenden Schauspieler und Autoren. Nach seinem frühen Tod 1924 übernimmt seine Frau, Anna Simon, die Leitung. Die legendäre »Zitronenjette« von Paul Möhring betritt die Bühne – und mit insgesamt 859 Aufführungen wird sie einer der größten Erfolge in der Geschichte des Hauses.
Während der Ära Simon erhält das Ernst-Drucker-Theater auch seinen heutigen Namen. Als zur Feier des hundertjährigen Bestehens 1941 eine Festschrift erscheint (mit Grußworten von Emmy Göring und Heinrich George), stößt den Nazis plötzlich auf, dass Ernst Drucker Jude war. Die Festschrift wird eingestampft und das Haus noch vor der Feier kurzerhand in »St. Pauli Theater« umbenannt.

Aufführungen im Wandel der Zeit

Im Januar 1970 wird wieder eine glanzvolle Premiere gefeiert. Und wieder ist es eine Familie, die das St. Pauli Theater durch die Klippen zwischen Kunst und Kommerz manövriert. Der Senior, Kurt Collien hat sich als erfolgreicher Konzertveranstalter und Theaterleiter seit den 30er Jahren einen Namen gemacht. Das Musical »Der Junge von St. Pauli« mit Freddy Quinn in der Hauptrolle, wird gleich ein Hit. Nach wie vor amüsieren sich die Zuschauer über Schwänke und Volksstücke wie »Perle Anna«, die »Zitronenjette« oder »Meister Annecker« mit Publikumsliebling Henry Vahl. Bis in die 80er Jahre ist das Haus am Spielbudenplatz mit niederdeutschem Mundarttheater erfolgreich. Doch die

Das St. Pauli-Theater ist nach wie vor ein Publikumsmagnet.

Zeiten ändern sich. Der Wechsel vollzieht sich mit Michael Collien, der frühzeitig erkennt, dass sich eine zweite niederdeutsche Bühne neben dem Ohnsorg-Theater langfristig nicht halten kann. Er weicht auf Boulevardtheater mit Stars wie Elke Sommer, Gunther Philipp und Willy Millowitsch aus. Und erstmals wagt er sich auch an englischsprachige Produktionen wie »Scarlatti's Birthday Party« oder »Little Shop of Horrors«, heran die vom Publikum gefeiert werden.
Mit Thomas Collien bringt die mittlerweile dritte Generation neue Formen der Unterhaltung wie Comedy und Kabarett sowie internationale Tanz- und Musikshows ins Haus. Produktionen wie »Le Quatuor«, »Gumboots« oder »Lady Salsa« feiern hier Deutschland-Premiere. 2003 wechselt der Regisseur Ulrich Waller, der zusammen mit dem Schauspieler Ulrich Tukur acht Jahre lang erfolgreich die Kammerspiele geführt hat, zu Thomas Collien an den Spielbudenplatz. Der Neustart glückt. Produktionen wie »Die Dreigroschenoper« mit Theaterstars wie Ulrich Tukur, Eva Mattes, Angela Winkler, Stefanie Stappenbeck, Christian Redl und Peter Franke, »Sechs Tanzstunden in sechs Wochen« mit Monica Bleibtreu und Gustav Peter Wöhler und weitere Bühnenstücke begeistern das Publikum.

Die berühmteste Polizeiwache Deutschlands liegt an der Ecke Reeperbahn/Davidstraße.

Blattsalat mit Putenfleisch

200 g Putenfleisch	unter fließendem kalten Wasser abspülen und mit Küchenpapier trocken tupfen. Das Putenfleisch in Streifen schneiden. Für die Marinade
125 ml Sherry	
1 TL Honig	
1 TL Johannisbeergelee	
1 TL Currypulver	
1 TL Paprika edelsüß	
1 Msp. gemahlenen Ingwer	
etwas weißen, frisch gemahlenen Pfeffer	verrühren. Putenfleisch hineingeben und ca. 30 Minuten darin ziehen lassen. Das Fleisch aus der Marinade herausnehmen.
1 EL Butter	in einer Pfanne zerlassen. Putenfleisch darin goldgelb braten, herausnehmen und abtropfen lassen. Den Bratensatz mit der Marinade ablöschen.
200 g Schlagsahne	hinzugießen, zum Kochen bringen, ca. 5 Minuten bei starker Hitzezufuhr einkochen lassen, mit
Salz	
Sherryessig	abschmecken und beiseitestellen.
1 Kopf Friséesalat (600 g)	und
1 Kopf Radicchio (150 g)	verlesen, gründlich waschen, gut abtropfen lassen, die Blätter zerpflücken.
1 Avocado	halbieren, den Kern mit einem Löffel entfernen. Avocado schälen, das Fruchtfleisch in Spalten schneiden und mit
1 EL Zitronensaft	beträufeln.
100 g frische Champignons	putzen und in dünne Scheiben schneiden.
1 EL Butter	zerlassen, die Champignonscheiben kurz darin anbraten.
50 g salzige Mandeln	ohne Fett in einer Pfanne rösten. Die Salatzutaten in einer Schüssel anrichten, dabei die Putenfleischstreifen nach oben legen. Die lauwarme Salatsauce getrennt dazureichen.

Besucher der Hansestadt Hamburg orientieren sich in St. Pauli.

Kopfsalat mit Specksauce

1 – 2 Köpfe Salat	waschen, Strünke herausschneiden, in einer Serviette abtropfen lassen und in eine Schüssel füllen.
100 g durchwachsenen Speck	in Würfel schneiden, in der Pfanne gut ausbraten und über den Salat schütten.
1 EL Mehl	zu dem Speckfett in die Pfanne geben, mit
¼ l Wasser	glatt rühren, mit
Essig	
Zucker	
Salz	
frisch gemahlenem Pfeffer	abschmecken und über den Salat gießen.

Kopfsalat in Sahnesauce

¼ l süße Sahne	
Saft einer Zitrone	
1 Prise Salz	
2 EL Zucker	verrühren. Mindestens 10 Minuten stehen und dabei dick werden lassen.
2 Kopfsalate	putzen, waschen, abtropfen lassen und in mundgerechte Stücke zupfen. Unmittelbar vor dem Servieren mit der Salatsauce vermengen.

Tipp: Anstatt mit süßer Sahne und Saft einer Zitrone, kann der Salat auch mit saurer Sahne angemacht werden. Dann nur einen Esslöffel Zitronensaft dazugeben.

Mit dem Raddampfer »Louisiana Star« werden Hafenrundfahrten veranstaltet.

Kopfsalat nach Hamburger Art

1 – 2 Köpfe Salat	waschen, zerpflücken, in einer Serviette oder Mulltuch abtropfen lassen und in eine Schüssel füllen.
¼ l süßen oder sauren Rahm	mit
1 Zwiebel	(fein gehackt)
1 Bund Petersilie	(gehackt)
Saft einer Zitrone	
1 TL Senf	
1 Msp. Zucker	
Salz, Pfeffer	vermischen und abschmecken. Vor dem Servieren den Salat mit Sauce übergießen.

Reissalat mit Shrimps

100 g Reis	kochen und abkühlen lassen.
200 g Shrimps	abtropfen lassen.
2 Eier	hart kochen.
2 Tomaten	
1 Paprikaschote	und die Eier klein schneiden und mit dem Reis mischen.
100 g Erdnüsse (geröstet)	zugeben. Mit
Salz	
Pfeffer	würzen und mit
2 EL Zitronensaft	beträufeln. Alle Zutaten gut vermischen und auf
4 Salatblättern	anrichten.

Bunte Fahnen wehen an den St. Pauli-Landungsbrücken.

Gurkensalat

1 Salatgurke	schälen, mit dem Hobel oder Messer in dünne Scheiben schneiden, in eine Schüssel füllen und mit
Salz	bestreuen.
6 EL Öl	
4 EL Essig	
1 Bund Dill	(fein gehackt)
Salz	
Pfeffer	zu einer Sauce verrühren. Diese über die Gurken geben und den Salat abschmecken.

Gurkensalat mit Krabben

1 Salatgurke	schälen und in Scheiben hobeln. Mit
150 g Krabben (küchenfertig)	mischen.
1 EL Zitronensaft	
1 EL Weißweinessig	
1 Prise Salz	gut verrühren.
2 EL Rapsöl	unter ständigem Rühren einfließen lassen und die Vinaigrette mit
1 Prise Pfeffer	abschmecken. Das Dressing über die Gurken gießen und alles gut durchmischen. Den Salat mit
1 Bund Dill	(gehackt) bestreut servieren.

Alte und neue Häuserfassaden bestimmen das Stadtbild von St. Pauli.

Kartoffelsalat pikant

600 g Kartoffeln	waschen und mit
1 Msp. Kümmel	in gesalzenem Wasser gar kochen. Danach pellen, in feine Scheiben schneiden und in eine Schüssel geben
240 cl Gemüsefond	mit
60 cl Weißweinessig	
50 g Zwiebeln	(fein gehackt) ca. 4 Minuten köcheln lassen. Mit
1 Prise Salz	
1 Prise Pfeffer	
1 Prise Zucker	abschmecken und kochend heiß über die Kartoffelscheiben gießen. Ca. 15 Minuten marinieren lassen, dabei mehrfach umrühren.
80 g Magerspeck	(fein gewürfelt) in einer Pfanne kross braten. Fett abgießen und mit den marinierten Kartoffeln vermengen.
50 g Brunnenkresse	(gezupft und gewaschen) mit
50 g Radieschen	(in Scheiben geschnitten) mischen und unter den Salat heben.
5 cl Kürbiskernöl	kurz vor dem Servieren über den Kartoffelsalat träufeln.

Der Niedergang zu den St. Pauli-Landungsbrücken ist manchmal nicht ganz einfach zu meistern.

Kartoffelsalat mit Essig und Öl

4 – 5 EL Salatöl	
2 EL Essig	
1 TL Senf	
1 Prise Salz	
1 Prise Pfeffer	
1 Prise Zucker	
1 Zwiebel	(fein gehackt) miteinander in einer großen Schüssel zu einer Marinade verrühren.
1 kg Kartoffeln	kochen, pellen, anschließend in Scheiben schneiden. Noch heiß in die Marinade geben. Nach Bedarf
⅛ – ¼ l Brühe	(heiß) zufügen. Den Salat durch vorsichtiges Schwenken der Schüssel vermischen. 1 – 2 Stunden ziehen lassen und, wenn nötig, nachwürzen.

Tipp: Der Salat kann je nach Geschmack durch Salat-, Delikatessgurken oder Äpfel verfeinert werden.

Die Seemannsmission an der Großen Elbstraße ist Anlaufpunkt für viele Seeleute.

Selleriesalat mit Äpfeln

	Von
1 englischen Sellerie (Stangensellerie)	äußere harte Rippen und Blätter abschneiden. Dann die Knolle schälen und in feine Streifen schneiden, ebenso die zarten, gelben Rippen.
2 – 3 Äpfel	schälen und in feine Streifen schneiden.
2 EL Mayonnaise	mit
⅛ l süßen Rahm	glatt rühren. Mit den Äpfeln und Sellerie vermischen und ca. 2 Stunden kalt stellen. Vor dem Servieren mit
Essig	
Salz	
Pfeffer	abschmecken.

Selleriesalat

1 gr. Knolle Sellerie	schälen, in
Salzwasser	weich kochen und möglichst mit einem geriffelten Messer in Scheiben schneiden.
6 EL Öl	
6 EL Essig	
Salz	
Pfeffer	
1 TL Senf (nach Geschmack)	zu einer Sauce verrühren. Den möglichst noch warmen Sellerie mit der Sauce übergießen und kalt werden lassen. Vor dem Servieren noch einmal abschmecken.

Das Bike darf schon mal auf dem Fußweg parken.

Das muss kesseln

Die Fernsehzuschauer kennen ihn aus dem Big Brother-Container oder aus seiner neueren Rolle in einer der beliebtesten deutschen Fernsehserien, dem Großstadtrevier. Dort ist Big Harry hinter dem Tresen eher für den Bierausschank zuständig, weniger für »feste Nahrung«. Manchmal hilft er den Polizisten vom Großstadtrevier auch bei der Aufklärung einer Straftat. Oder aber er greift zur Gitarre, um mit Jan Fedder alias Dirk Matthies einen Song zum Ausklang der Sendung erklingen zu lassen. Die Täter sind gefasst, die Stimmung ist fröhlich – oder auch mal melancholisch.

Das ist der eine Harry, dem man, kennt man ihn nicht, wegen seiner Statur, den Tätowierungen, dem Bart und den langen Haaren, vielleicht nicht im falschen Moment begegnen möchte. Aber das ist nur das Außen. Ruft man ihn an, klingen vielleicht andere Töne ans Ohr: »Was du hier hörst? Ist das Fett in der Bratpfanne. Ich bin in der Küche am Herd – wo sonst.« Der 50-jährige Schauspieler und Musiker mit eigener Band ist zudem leidenschaftlicher Koch. Das ist gut, gilt es doch, als fürsorglicher Vater, zusammen mit seiner Frau Gerti, nicht weniger als sechs Kinder zu ernähren. Gut ist auch, dass Gerti und Big Harry uns zwei ihrer Rezepte verraten. Hier sind sie:

Big Harry's Blick schweift in die Ferne.

Harry's Thunfischpfanne (für 6 Personen)

1 Weißkohl	waschen und zerkleinern.
1 – 4 Zwiebeln	abziehen, würfeln.
2 EL Olivenöl	in einer Pfanne oder im Wok erhitzen. Den Kohl etwas salzen und mit den Zwiebeln im Öl anschmoren.
1 – 2 TL Brühe	
etwas Wasser	zugeben. Den Kohl darin fast gar werden lassen (Dauer 20 – 25 Minuten).
2 Dosen Thunfisch in Öl	
2 kleine Dosen Champignons	
2 kleine Dosen Pizza-Tomaten	
1 kleine Dose Tomatenmark	
2 – 3 TL Gemüsebrühe	in einen großen Topf geben. Mit
Oregano	
Salz	
Pfeffer	abschmecken. Mit
¼ l Sahne	verfeinern. 20 Minuten sanft kochen lassen. 5 Minuten vor Ende der Garzeit den Kohl zum Thunfisch geben. Falls es zu trocken wird, etwas
Milch (oder Sahne oder Wasser)	zugeben. Inzwischen
500 g Bandnudeln	in Salzwasser bissfest kochen. Danach abgießen, mit dem Thunfisch in eine große Schale füllen und mischen.
250 g geriebenen Käse	darüber streuen und servieren.

Natürlich gibt es nicht nur den Fischmarkt, sondern auch Fischgeschäfte auf St. Pauli.

Apfelauflauf à la Gerti (für 6 bis 8 Personen)

1 kg Äpfel	schälen und in einen Topf geben.
Etwas Zucker	und
etwas Wasser	zugeben. Zu grobem Apfelmus kochen, dann abkühlen lassen.
6 Eier	trennen. Eiweiß sehr steif schlagen. Eigelb mit
80 g Butter	und dem Apfelmus verrühren. Eiweiß unterheben. Alles in eine eingefettete Auflaufform füllen.
3 EL Mandelsplitter	
60 g Butter in Flocken	darüber verteilen. Bei 180 °C Umluft 35 – 45 Minuten backen.

»Statt Mandeln können Sie auch Nüsse oder Kokosflocken nehmen. Gerti und Harry – und natürlich auch Tochter Ribanna – wünschen den Lesern des St. Pauli-Kochbuchs guten Appetit.«

Hier parkt jemand sein Auto auf der Reeperbahn idyllisch unter der Palme.

Hamburger National

350 g Schweinebauch	würfeln, in ½ l Wasser 30 Minuten kochen lassen.
1 kg Steckrüben	
1 kg Kartoffeln	schälen, waschen und würfeln. Zum Schweinebauch in den Topf geben und weitere 30 Minuten kochen lassen. Mit
Salz	
weißem Pfeffer	
Majoran	würzen und noch 5 Minuten ziehen lassen.
50 g Speck	(durchwachsen) und
2 Zwiebeln	würfeln. Speck knusprig ausbraten, Zwiebeln zugeben und goldgelb werden lassen. Hin und wieder umrühren. Beim Anrichten über den Eintopf geben.

Die Helgoländer Allee führt direkt zu den Landungsbrücken hinunter.

Schnüsch – norddeutscher Gemüseeintopf

500 g neue Kartoffeln	kochen, pellen, in Scheiben schneiden und warm stellen.
300 g frische dicke Bohnen	
300 g frische Erbsen	
300 g Möhren	blanchieren.
1 ½ TL Salz	zugeben und gar kochen. ⅛ l des Gemüsefonds zurückstellen.
25 g Butter	im Topf zergehen lassen.
25 g Mehl	hinzufügen, mit dem Gemüsefond und
½ l Milch	auffüllen, aufkochen und alle Gemüse hinein geben. Nochmals kurz aufkochen, warm stellen und mit
Butterflocken (25 g)	vollenden. Darauf achten, dass das Schnüsch nicht zu dickflüssig wird, denn es soll eine Suppe bleiben. Mit
Salz, Pfeffer,	
Zucker, Muskatnuss	abschmecken. In vorgewärmte Teller geben und mit
1 Bund Petersilie	(gehackt) bestreuen.
200 g Katenrauchschinken (in Scheiben)	extra auf einem Holzbrett anrichten. Er wird zum Schnüsch gegessen.

Tipp: Schnüsch bedeutet so viel wie »querbeet«.

Das Albers Eck am Hans-Albers-Platz. Hier spielt die Musik von ... Genau!

Nur für harte Kerle?

Böse Zungen behaupten, Labskaus sehe nicht gerade wie eine besonders leckere Speise aus, sondern eher... Aber lassen wir das. Zwar isst das Auge mit, aber nicht nur die Liebe geht durch den Magen. Hauptsache ist ja, dass es schmeckt. Und das tut es.

Labskaus ist ein typisches Seefahrtsgericht. Der Schiffskoch, im Seemannsjargon Smutje, war immer gezwungen, Nahrungsmittel für die langen Reisen mit an Bord zu nehmen, die nicht so schnell verdarben. Das waren unter anderem Pökelfleisch, eingelegte Heringe, Kartoffeln und Salzgurken. Aus diesen Zutaten wurde und wird bis heute Labskaus gemacht.

Der Name Labskaus stammt aus dem englischen: »Lobscourse« heißt übersetzt so viel wie »Essen für derbe Männer«. Aufgrund der einfachen Zutaten galt es lange Zeit auch als Arme-Leute-Essen und verschwand schließlich gern von den feineren Tafeln. Doch vor einiger Zeit wurde das Labskaus wieder entdeckt und feiert seither eine Renaissance auch und insbesondere bei den Feinschmeckern in der traditionellen Hamburger Küche.

Ein Ölbild von Eberhard Richter hängt im Hotel Austria an der Decke.

Labskaus

800 g gepökeltes Rindfleisch	gerade mit Wasser bedeckt mit
1 Lorbeerblatt	
Pfefferkörnern	ca. 1 ½ Std. im geschlossenen Topf weich kochen.
750 g Kartoffeln	mit der Schale kochen, abpellen und (noch heiß) zerstampfen.
400 g Zwiebeln	grob zerhacken, in
20 g Schmalz	(heiß gemacht) glasig schmoren. Dann mit dem fein gehackten oder durch den Fleischwolf gedrehtem Pökelfleisch und den zerstampften Kartoffeln mischen.
2 Matjesfilets	(evtl. vorher wässern) in dünne Streifen schneiden.
4 Salzgurken	würfeln. Matjesfilets und Salzgurken unterrühren. Falls die Masse zu fest ist, etwas Pökelfleischbrühe dazugeben.
400 g Rote Beete	klein schneiden und ohne Saft hineinmischen. In eine vorgewärmte große Schüssel füllen und
4 Eier	(als Spiegelei zubereitet) darauflegen.
4 Rollmöpse	getrennt anrichten.

Tipp: Statt des Pökelfleisches kann man auch 500 g Corned Beef nehmen, das dann nur zerschnitten und mit den Zwiebeln geschmort wird.

Künstlerische Hauswand an der Simon-von-Utrecht-Straße.

Möhreneintopf

250 g Speck (durchwachsen)	ohne Fettzugabe in einem Topf auslassen.
500 g Kartoffeln	(geschält, gewürfelt)
750 g Möhren	(in kleinen Stücken)
1 Zwiebel	(klein gehackt) zugeben und mit
750 ml Brühe	ablöschen. Mit
1 Prise Salz	
1 Prise Pfeffer	würzen und zugedeckt ca. 90 Minuten köcheln lassen. Mit
1 Bund Petersilie	(gehackt) bestreuen und servieren.

Gemüseeintopf mit Pesto

125 g Langkorn-Reis	nach Packungsanleitung kochen.
500 g grüne Bohnen	waschen, die Enden abschneiden und in Stücke schneiden.
300 g Möhren	putzen, waschen und in Scheiben schneiden.
750 ml Gemüsebrühe	zum Kochen bringen. Gemüse in der Brühe mit Deckel ca. 15 Minuten köcheln lassen.
2 TL Rucola-Pesto	
150 g Crème légère	einrühren. Reis unterrühren und nochmals kurz erhitzen. Eintopf mit
1 Prise Salz	
1 Prise Pfeffer	abschmecken. Nach Belieben mit
Kräutern nach Wahl	(frisch gehackt) bestreuen.

In Harrys Hafenbasar in der Erichstraße findet man die skurrilsten Gegenstände.

Feuerbohnentopf

3 EL Speiseöl	in einem großen Topf erhitzen.
450 g Hackfleisch (halb Rind-, halb Schweinefleisch)	darin anbraten.
3 Zwiebeln	abziehen, fein würfeln.
3 bunte Paprikaschoten	halbieren, entstielen, entkernen und die weißen Scheidewände entfernen. Die Schoten waschen, in Streifen schneiden und mit den Zwiebeln in den Topf geben. Ca. 10 Minuten schmoren lassen, dabei mehrmals umrühren.
3 EL Tomatenmark	zufügen, umrühren.
450 ml Gemüsebrühe	hinzugeben. Zum Kochen bringen und ca. 10 Minuten garen.
250 g rote Bohnen	abtropfen lassen. Zusammen mit
1 Dose Mais (Abtropfgewicht 345 g)	
120 ml Chilisauce	zu der Suppe geben. Aufkochen und mit
1 Prise Salz	
1 Prise Pfeffer	(frisch gemahlen) abschmecken.

Ein etwas anderes Auto in einem etwas anderen Stadtteil.

Chili con carne

400 g Tomaten	waschen, abtropfen lassen, kreuzweise einschneiden. Kurz in kochendes Wasser legen, dann in kaltem Wasser abschrecken. Tomaten enthäuten, die Stängelansätze herausschneiden und Tomaten würfeln.
2 Zwiebeln	
2 Knoblauchzehen	abziehen und in kleine Würfel schneiden.
75 g durchwachsenen Speck	in kleine Würfel schneiden.
300 g Paprikaschoten (rot und grün)	halbieren, entstielen, entkernen. Die weißen Scheidewände entfernen, die Schoten waschen und in Streifen schneiden.
1 – 2 EL Speiseöl	in einem großen Topf erhitzen. Zwiebel-, Knoblauch- und Speckwürfel darin andünsten.
400 g Rindergehacktes	hinzufügen und unter Rühren darin braun und gar braten, dabei die Fleischklümpchen mit Hilfe einer Gabel zerdrücken. Mit
1 Prise Salz	
1 Prise Pfeffer	würzen.

Fahrräder können sehr platzsparend geparkt werden.

1 Lorbeerblatt	
250 ml Gemüsebrühe	und die Paprikastreifen hinzuzufügen, zum Kochen bringen und ca. 5 Minuten bei mittlerer Hitze mit Deckel schmoren.
2 Dosen Kidneybohnen (á 250 g)	auf ein Sieb geben, kalt abspülen und abtropfen lassen. Tomatenwürfel und Bohnen unterrühren. Alles mit
Chilipulver	
1 – 2 TL Paprikapulver (edelsüß)	
1 TL Oregano (gerebelt)	würzen und noch ca. 10 Minuten mit Deckel bei schwacher Hitze kochen. Mit
Salz	
Pfeffer	abschmecken.

Tipp: Dazu warmes Fladenbrot oder herzhaftes Brötchen.

In der Großen Freiheit gibt es neben dem Redlight auch das Greenlight.

Fische, Filme und Musik: Aale Dieter

Was hat diesen Mann nur so jung gehalten? Dass er seit 45 Jahren auf dem St. Pauli Fischmarkt seine Aale verkauft? Das »Manager Magazin« kürte den Marktschreier vom Hamburger Fischmarkt zweimal zum Verkäufer des Jahres. Dass er »nebenbei« als Schauspieler die eine oder andere Rolle spielt? Nach zehn Jahren Fischmarkt folgten die ersten TV- und Bühnenauftritte. Dieter Bruhn, weithin als »Aale Dieter« bekannt, wurde zu Biolek und Schreinemakers eingeladen, trat mit Otto Waalkes und Klaus & Klaus auf, sang und moderierte und spielte an der Seite von Jan Fedder im »Großstadtrevier« mit.

Er spielt jetzt wieder in der Provinz-Posse »Deich-King« des Filmemachers Michael Söth, zusammen mit Lotto King Karl, Bela B. von den Ärzten und dem Musiker John Barron. »Die Dreharbeiten haben sehr viel Spaß gemacht«, sagt Dieter Bruhn. Er kennt viele Menschen, die auf den Bühnen der Theater und bei den Drehs zu Fernsehfilmen zuhause sind. Wo fühlt sich Aale Dieter zuhause? »Ich bin kein Quittje, ich bin Hamburger in dritter Generation. Ich gehöre hierher. Dass ich vom bodenständigen Verkäufer auch mal zum Schauspieler geworden bin, ändert daran nichts.« An der Schauspielerei sei auch Jürgen Roland »schuldig« gewesen, der ihn bei seiner Arbeit auf dem Fischmarkt entdeckt hat. Bruhn: »Er rief eines Tages an und fragte, ob ich beim »Großstadtrevier« eine Rolle spielen würde.«

Doch mit seinen beruflichen Aktivitäten ist nicht alles getan, was Dieter Bruhn bewegt. Seit nunmehr 20 Jahren engagiert er sich für eine ganze Reihe von Hamburger Hilfsprojekten wie auch zurzeit für die »Aktion Leuchtfeuer«. Bruhn: »Es gibt viele Menschen, die nicht so viel Glück hatten im Leben wie ich, die vielleicht auch nicht den Antrieb haben, sich durchzusetzen in einer Welt,

Der russische Segler Mir hat an den Landungsbrücken festgemacht.

in der man viel Kraft braucht.« Hier lernt man nicht den Aale Dieter, sondern den nachdenklichen Dieter Bruhn kennen, den, der davon überzeugt ist, dass diese Welt nicht nur lebenswerter gemacht werden könnte, sondern muss. Er wirbt für mehr Mitmenschlichkeit, für mehr Herzlichkeit und auch für mehr soziale Gerechtigkeit.

Bei alledem steht der Vater von zwei Töchtern und zweifache Großvater sonntags wieder wie gewohnt und ganz unverkennbar auf dem Fischmarkt. »Was für eine lahme Truppe seid ihr denn?« Er ist seit 44 Jahren verheiratet und immer noch glücklich. »Aber Glück kommt nicht von allein. Man muss etwas dafür tun«, sagt er.

Schon als junger Mann hatte er Gesangsunterricht bei einem Tenor der Hamburger Staatsoper erhalten. In diesem Sinne ist er wieder aktiv geworden. Mit dem Album »Wovon kann ein Mensch denn schon träumen« erfüllte sich Dieter Bruhn »seinen« lang gehegten Traum.

Dass eine weitere Leidenschaft zu seinem Leben gehört, liegt auf der Hand: das Kochen. Aale Dieter verrät uns hier sein Lieblingsgericht und weitere Leckereien. Die Frage, was ihn gesund erhält und sich jung fühlen lässt, haben wir damit allerdings immer noch nicht beantwortet. Vielleicht ist es von allem etwas wie bei einer guten Speise: Sie schmeckt nur, wenn von den Zutaten die Mengenangaben eingehalten werden.

Manches hängt eben auch schief auf St. Pauli – wie der Leuchtturm vom Seepferdchen in der Hein-Hoyer-Straße.

Barberie-Ente mit Rotkohl und Salzkartoffeln

1 große Barberie-Ente (französische Flugente)	in die Röhre geben und schön knusprig braten.
Rotkohl	mit
Gänseschmalz	
Äpfeln	schmoren.
Zucker	
Zitronensaft	dazugeben. Abschmecken, so dass es mehr süß als sauer ist.
Salzkartoffeln (fest kochend)	garen. Alles servieren, die Kartoffeln dabei mit Fett übergießen.

Bruhn: »Lecker für zwischendurch ist auch Räucheraal mit körnigem Hamburger Schwarzbrot.« Aber auch Kochfisch isst der Aaleverkäufer gern.

Lifemusik sorgt in der Fischauktionshalle während des St. Pauli Fischmarkts für Stimmung.

Kabeljau mit Meerrettich und Salzkartoffeln

Zwiebeln	
Lorbeerblätter	
Salz	
etwas Fischgewürz	in Wasser in einem Topf zu einem Sud aufkochen.
2 kg Kabeljau	in Stücken in den Sud geben und 20 Minuten ziehen lassen. Nicht kochen!
Fest kochende Kartoffeln	gar kochen.
Meerrettich, gerieben (oder Sahne)	
ausgelassene Butter	über die Kartoffeln geben.

Tipp: Man kann auch eine Senfsauce anstatt Meerrettich/Butter über die Kartoffeln geben.

Makrelen mit Kartoffelsalat und Gurkensalat

4 frische Makrelen	filieren, salzen und mit
Mehl	bestreuen. In
Butter (oder Margarine)	in der Pfanne braten. Mit
Kartoffelsalat	servieren. Für den Gurkensalat
1 Gurke	in feine Scheiben schneiden.
Zitrone (oder Essig)	
Dill (gehackt)	
etwas Öl (oder Dressing)	
etwas Zucker	mit der Gurke vermischen.

Einkaufen auf dem Fischmarkt ist angesagt für Jung und Alt.

Aus dem nassen Element

Zubereitung von Süß- und Meerwasserfischen

Mit wenigen Ausnahmen (z. B. Scholle, Butt) sind alle Fische zu schuppen (außer beim Blaukochen), am besten unter fließendem Wasser. Dabei hält man den Fisch von unten am Schwanz fest und schuppt ihn mit einem Messerrücken oder Fischschupper vom Schwanz zum Kopf hin. Fische mit hornartigen und festsitzenden Schuppen gibt man kurz in siedendes Wasser.

Wenn man Fischfilets benötigt, werden die Fische gehäutet; am Schwanzende leicht einschneiden und die Haut mit dem Messerrücken wie eine Speckschwarte abtrennen. Ganze Fische, wie Aal oder Rotzunge, werden vom Kopf zum Schwanzende, Seezunge dagegen vom Schwanz in einem Zug zum Kopf hin abgehäutet. Kopf und Flossen abschneiden. Dann ausnehmen. Gute Fischgeschäfte übernehmen das für Ihre Kunden.

Zum Ausnehmen schneidet man den Fisch auf der Bauchseite vom Schwanz zum Kopfende hin vorsichtig mit einem scharfen Messer auf. Dann durchschneidet man die Enden der Innereien an der Kopfwurzel und nimmt die Eingeweide vom Kopf aus vorsichtig heraus. Man achte darauf, dass die Galle (hinter dem Kopf) nicht verletzt wird! Auch die innere schwarze Haut und die bei einigen Fischen vorhandene lederartige weiße Haut entlang des Rückgrats sorgfältig entfernen. Ebenso geronnenes Blut. Bei Seezungen muss auch die äußere Haut abgezogen werden. Man schneidet sie rund um den Schwanz leicht ein, lockert sie und zieht sie mit einem Tuch mit einem Zug zum Kopf hin ab. Fische, die gefüllt werden, nimmt man vom Rücken her aus. Man macht zu beiden Seiten der Rückengräte einen Einschnitt, schneidet die Rückengräte hinter dem Kopf und vor dem Schwanz

Bei schönem Wetter ist es auf einem Schiff oder Boot natürlich besonders angenehm.

durch, zieht das Grätengerüst vorsichtig heraus und nimmt auch die Eingeweide heraus. Vor dem Füllen innen würzen. Nach dem Füllen näht man den Fisch mit Bindfaden zusammen oder schnürt ihn zur ursprünglichen Form zusammen.
Die ausgenommenen Fische unter fließendem Wasser innen und außen gründlich waschen. Sie dürfen aber nie im Wasser liegen bleiben! Dann gut abtropfen lassen oder vorsichtig mit Küchenpapier trocken tupfen.
Nach dem Säubern kommt das Säuern des Fisches, darunter versteht der Koch das Marinieren oder Beizen des Fischfleisches. Dazu verwendet man Zitronensaft, säuerlichen Weißwein oder milden Weinessig bzw. Essigwasser (halb Essig, halb Wasser). Durch das Säuern wird das Fischfleisch fester und schmackhafter. Die Dauer des Säuerns richtet sich vor allem nach der Dicke und Feste des Fischfleisches (zwischen 15 und 60 Minuten). Nach Säubern und Säuern kommt das Salzen des Fischfleisches. Gesalzen werden Fischstücke immer erst nach dem Säuern und unmittelbar vor der Zubereitung. Fisch nie gesalzen stehen lassen. Fische, die gekocht werden bzw. die man im Fischsud gar ziehen lässt, braucht man nicht zu salzen. Bei gebackenen Fischen kann man die Panade (Mehl bzw. Semmelmehl) entsprechend salzen.
Damit bei größeren und dickeren Fischen (Scholle, Butt) die Hitze rascher eindringen kann, schneidet man den Fisch an beiden Seiten kreuzartig ein (bei Forellen mehrfach parallel). Dieses Einschneiden nennt der Fachmann »ziselieren«.
Fische sollen vorsichtig und mit viel Gefühl gewürzt werden, man soll dabei eher sparsam umgehen, vor allem mit dem Salz. Wer kochsalzarme Diät essen muss, verwende den entsprechenden Salzersatz.
Fische kann man pochieren (mehr ziehen als kochen), braisieren (schmoren, dünsten), braten, backen oder grillen.

An den Landungsbrücken sind Kapitäne willkommen, aber alle anderen Besucher auch.

Rotbarschfilet auf Kräuter-Rahmsauce

2 Frühlingszwiebeln	waschen, putzen und in feine Ringe schneiden.
1 Bleichsellerie	
25 g Kräuter (gemischt)	waschen, trocken tupfen und fein hacken.
4 Rotbarschfilets	waschen und mit
Saft einer halben Zitrone	beträufeln.
1 Prise Salz	daraufgeben.
Gemüsebrühe	mit
150 g Creme fraiche	glatt rühren. Zwiebelringe, Sellerie und Kräuter unterziehen. Mit
Salz	
Pfeffer	würzen. Die Sauce in eine Mikrowellenschüssel geben und den Fisch darauflegen. Die Schüssel abdecken und den Fisch bei 600 Watt 4 Minuten garen. Dann den Fisch wenden und nochmals 3 Minuten bei 600 Watt garen.
1 Bund Petersilie	
1 Bund Schnittlauch	waschen und trocken tupfen. Petersilie hacken und Schnittlauch in Röllchen schneiden. Fischfilets auf eine Platte legen, Sauce darübergießen und mit Petersilie und Schnittlauch bestreut servieren.

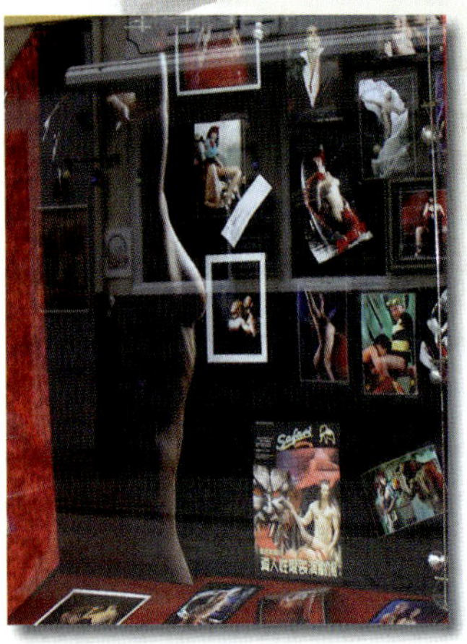

Auf St. Pauli ist »fast« alles käuflich, was Spaß macht.

Fischragout mit Safran

600 g Fischfilet (z. B. Rotbarsch)	waschen, trocken tupfen, mit etwas
Zitronensaft	säuern,
Salz	zugeben und in mundgerechte Stücke schneiden.
1 Zwiebel	schälen und klein hacken.
½ TL Safran	in etwas warmem Wasser einweichen.
250 g Ebly Zartweizen	nach Packungsanweisung garen. In einer großen Pfanne mit Deckel
1 TL Öl	erhitzen und die Zwiebelstücke darin glasig dünsten. Den Fisch in die Pfanne geben und bei geringer Wärmezufuhr einige Minuten von beiden Seiten anbraten. Mit
200 ml Brühe (oder Weißwein)	löschen und aufkochen lassen.
200 g saure Sahne	unterziehen, die
200 g Krabben	und den Safran hinzufügen und kurze Zeit erwärmen. Fischragout mit
Pfeffer	
Salz	abschmecken und zu dem Zartweizen servieren.

Blick von der Mir aufs »Festland«.

Pannfisch

1 kg Kartoffeln	mit der Schale kochen, abpellen und in Scheiben schneiden.
2 EL Butter (oder Margarine)	heiß machen und die Kartoffeln darin unter mehrmaligem Wenden anbraten.
750 g gekochten Fisch	(ohne Haut und Gräten) dazugeben.
3 TL Senf	in
¼ l Wasser oder Fischsud	verrühren und dann über die angebratenen Kartoffeln gießen. Alles gut durchrühren und in der geschlossenen Pfanne ca. 10 Minuten braten lassen. Mit
Salz und evtl. Senf	abschmecken und beim Anrichten mit
2 EL Petersilie	(gehackt) bestreuen.

Das Emblem einer alten Brauerei lädt ein.

Scholle auf Hamburger Art

4 Schollen (küchenfertig á 250 g)	waschen, trocken tupfen und mit
Salz	bestreuen. In
2 EL Mehl	mehrfach wenden und in
Butter	(heiß gemacht) und
Öl	bei mittlerer Hitze jede Seite ca. 6 Minuten braten.
100 g Steinpilze (oder Champignons)	aus der Dose abtropfen lassen und klein schneiden.
140 g Nordseekrabben (aus der Dose)	abtropfen lassen. Den fertigen Fisch herausnehmen und auf einer vorgewärmten Platte anrichten. Im Bratfett Steinpilze und Krabben ca. 5 Minuten erwärmen, ebenso
2 TL Kapern	und alles über die Schollen verteilen. Mit
Zitronenscheiben	
Petersilie	garniert sofort servieren.

Astra... das war viele Jahre so.

Die Ewerscholle

St. Pauli und Finkenwerder liegen nicht weit auseinander. Nur die Elbe trennt die beiden Stadtteile Hamburgs. Man hat in St. Pauli jedoch keine Berührungsängste, eine Scholle zu verzehren, auch wenn sie Finkenwerder Ewerscholle heißt.

Auf der Elbinsel Finkenwerder haben sich ganz besondere Traditionen herausgebildet. Es ist schon immer die »Insel der Elbfischer« gewesen. Als aber die Fische in der Elbe knapp wurden, vergrößerten die Finkenwerder Fischer ihre einfachen, offenen Ewer zu seetüchtigen Fischerbooten. Damit waren sie in der Lage, über die Elbmündung in die Nordsee hinauszufahren und dort zu fischen.

Die Finkenwerder Fischer waren es, die Hamburg mit frischem Fisch versorgten und insbesondere lebende Schollen auf dem Hamburger Fischmarkt anboten. Die Ewer sind eigens mit besonderen Bassins ausgestattet, in denen Schollen zwar dicht an dicht, aber lebend im Meerwasser liegen.

Die Speisetafel gibt Auskunft.

Finkenwerder Ewerscholle

200 g durchwachsenen Speck	fein würfeln.
8 EL Butter	in einer großen Pfanne erhitzen. Die Speckwürfel darin auslassen, dann mit einer Schaumkelle aus der Pfanne nehmen und beiseitestellen.
Salz	auf
4 frische Schollen	(ausgenommen und gewaschen) geben, mit
Zitronensaft	beträufeln und in
Mehl (8 EL)	wenden. In dem Gemisch aus Butter und Speckfett nacheinander alle Schollen von jeder Seite goldbraun braten. Fertige Schollen warm stellen. Auf vorgewärmte Teller mit der hellen Seite nach oben legen. Den Speck in der Pfanne kurz erhitzen und auf die Schollen geben.

Tipp: Dazu einen säuerlich angemachten Kartoffelsalat und Zitronenscheiben.

Ein Seitenblick von der Großen Elbstraße.

Steinbuttfilet mit Basilikumcreme

500 g Kartoffeln	schälen, waschen und würfeln.
50 g Schalotten	putzen, pellen und in Streifen schneiden. Beides in einem Topf mit
2 EL Öl	kurz anschwitzen. Mit
250 ml Gemüsebrühe	
100 ml Sahne	auffüllen und 15 Minuten bei schwacher Hitze kochen lassen.
½ Bund Basilikumblätter	waschen, zupfen, in den Topf geben und mit einem Pürierstab fein pürieren. Anschließend mit
1 Prise Salz	
1 Prise Pfeffer	abschmecken und warm stellen.
600 g Steinbuttfilet	säubern und in breite Streifen schneiden. Mit
2 Prisen Salz	bestreuen und mit
Saft einer Zitrone	beträufeln. Mit
3 EL Öl	in einer Pfanne 4 – 5 Minuten von jeder Seite braten. Mit der Basilikumcreme servieren.

Tipp: Dazu Reis, bevorzugt Wildreis.

Alte und neue Baustile wechseln sich Straßenzug für Straßenzug auf St. Pauli ab.

Steinbutt

1 – 1 ½ kg Steinbutt	(möglichst in einem Stück) ausnehmen, gut waschen und in einem Fischkessel oder großen Topf in reichlich
Salzwasser	kochen. Den Fisch auf den Einsatz oder auf eine Serviette legen (die Serviettenzipfel werden am Topf befestigt) und 15 – 20 Minuten ziehen lassen. Beim Anrichten den Fisch mit dem Einsatz aus der Serviette herausnehmen, abtropfen und vorsichtig auf eine vorgewärmte Platte gleiten lassen.

Tipp: Dazu Zitronenscheiben, Salzkartoffeln, geschmolzene Butter und fein gehackte Petersilie oder Hollandaise.

Das Herz von St. Pauli schlägt direkt an der Reeperbahn.

Steinbutt, gekocht

½ l Wasser	mit
1 Zwiebel	(grob zerkleinert)
1 Lorbeerblatt	
250 g Fischgräten (Seezunge etc.)	
50 g Champignons	(in Scheiben geschnitten) ca. 15 Minuten kochen lassen. Den Sud abseihen und anschließend bis auf 200 ml einkochen lassen.
2 weiße Rüben	(gewürfelt)
2 Möhren	
1 Lauch	(in Ringe geschnitten) zufügen.
4 Steinbuttfilets	in der Mitte zusammenklappen und in den Topf geben. Ca. 5 Minuten garen lassen, den Fisch herausnehmen und warm stellen.
1 EL Wermut (trocken)	in den Topf hinzugeben und kurz aufwallen lassen. Nach und nach
50 g Butter	(eiskalt) mit dem Schneebesen einrühren, bis die Sauce gebunden ist. Mit
1 Prise Salz	
1 Prise Pfeffer	
1 Prise Cayennepfeffer	abschmecken. Die Fischfilets in Suppenteller geben, mit der Sauce begießen und mit
1 Bund Petersilie	(gehackt) bestreut servieren.

Tipp: Dazu leckeres Baguette.

Der St. Pauli-Nachtwächter erzählt Interessantes aus dem Nachtleben der sündigen Meile.

Gebackene Seezunge

	Von
4 Seezungen	Schwanz und Flossen abschneiden und die Haut abziehen. Danach mit
Zitronensaft	beträufeln, salzen und etwas ziehen lassen.
2 Eier	verquirlen.
Paniermehl	dazugeben und die Fische darin wenden.
Butter	erhitzen und die Fische darin auf beiden Seiten goldbraun backen. Auf einer vorgewärmten Platte mit
Zitronenscheiben	anrichten.

Tipp: Dazu Petersilienkartoffeln mit Kräuterbutter.

Fisch und mehr ist auf dem St. Pauli Fischmarkt jeden Sonntag gefragt.

Ein Fisch mit vielen Namen

Der Hering ist einer der bedeutendsten Speisefische der Welt. Als die »Echten Heringe« bezeichnet man die nordatlantische Art der Gattung. Der Fisch wird besonders an seinen Laichplätzen seit Menschengedenken gefangen. Viele Städte wurden in der Nähe der Laichplätze und Durchzugsgebiete gegründet. Für die Hanse war der Atlantische Hering eines der wichtigsten Handelsgüter. Er kommt sowohl in der Nordsee als auch im westlichen Teil der Ostsee vor.

Noch bis in das 20. Jahrhundert hinein war der Atlantische Hering so häufig, dass er als »Arme Leute-Essen« galt. Heute sind die Bestände durch starke Befischung und ökologische Probleme in der Ostsee deutlich zurückgegangen, so dass der Hering zunehmend als Delikatesse gehandelt wird.

Viele Arten der Zubereitung zeigen die in einer langen Tradition gewachsene Speisevielfalt:
Gebratener Hering, Brathering in süß-saure Marinade eingelegt, Räucherhering (Bückling, Räuchermops), besonders traditionsreich auf Bornholm, Salzhering (als ein wichtiges Handelsgut während der Hansezeit), Matjes, Grüner Hering, Rollmops oder der Bismarckhering (benannt nach Otto von Bismarck). Dieser hält auch heute noch ein wachsames Auge auf den Stadtteil St. Pauli – allerdings als überlebensgroßes Denkmal aus Stein.

Otto von Bismarck blickt still auf den Stadtteil hinab.

Bratheringe

8 Heringe	abspülen und trocken tupfen. Die Heringe durch sanften Druck mit dem Daumen entlang der Mittelgräte auseinander brechen. So wird das Fischfleisch von der Mittelgräte entfernt. Wichtig: Der Brathering muss dabei zusammenbleiben. Brathering innen und außen mit
Salz	
Pfeffer	würzen und in
3 EL Mehl	wenden. Überschüssiges Mehl gut abklopfen.
4 EL Öl	in einer beschichteten Pfanne erhitzen. Bratheringe goldbraun braten. Nach ca. 2 – 3 Minuten wenden und in weiteren 2 – 3 Minuten fertig braten. Bratheringe anschließend abtropfen lassen.
300 ml Weißweinessig	doppelte Menge
300 ml Wasser	
2 Lorbeerblätter	
3 TL Senfkörner	
1 ½ TL Salz	
1 ½ TL schwarze Pfefferkörner	
1 ½ TL Wacholderbeeren	
4 TL Zucker	
4 Zwiebeln	(in Scheiben geschnitten) kräftig aufkochen. Bratheringe in eine Auflaufform legen und mit dem kochenden Sud begießen. Fische müssen bedeckt sein. Zugedeckt mindestens 3 Tage ziehen lassen, damit sie zart werden und den Geschmack der Gewürze annehmen.

Mitten zwischen Bordellen und Nachtclubs liegt die St.-Joseph-Kirche an der Großen Freiheit.

Ein Mops zum anknabbern

Wer kennt ihn nicht, diesen runden Fisch, den man zu bestimmten Anlässen gern isst und von dem viele Menschen gar nicht wissen, um was es sich dabei genau handelt? Als Rollmops bezeichnet man einen in Essig und Salz eingelegten Hering. Die von Kopf, Flossen, Gräten und Innereien befreiten filetierten Fischstücke, die man Sauerlappen nennt, werden 35 Tage in einer Lake aus Essig und Salz als saure Marinade eingelegt. Zur Füllung, dem Inneren des gerollten Fisches, verwendet man klassischerweise ein Stück saure oder Gewürzgurke und Zwiebel. Alternativ werden Weißkrautsalat oder Sauerkraut eingerollt. Zur Zubereitung eines Brat- oder Räucherrollmopses werden die Filetstücke vor dem Einlegen des Herings gebraten oder geräuchert.

Dabei ist der Hering mit zwei kleinen spitzen Holzstäbchen an die Gurke gespickt, um ein vorzeitiges Entrollen beim Transport zu vermeiden und ein besseres Durchziehen des Rollmopses in der Würzmarinade, in der er auch transportiert und gehandelt wird, zu erreichen. Die Holzstäbchen werden erst kurz vor dem Verzehr oder währenddessen entfernt.

Wer sich vollends blamieren möchte, nimmt zum Verzehr Messer und Gabel in die Hand. Rollmöpse werden ohne Besteck und immer mit einer der offenen (Gurken-)Seiten voran von Hand in den Mund gesteckt. Keinesfalls auch entrollt man einen Rollmops, um ihn zu essen. Wegen seiner gerollten Kompaktheit ist er mit weniger als drei Bissen aufgegessen. Er ist in St. Pauli besonders beliebt, gilt er doch als wichtiger Bestandteil des so genannten Katerfrühstücks. Manchmal wird er auch scherzhaft German Sushi genannt. Ihren Ursprung hat die etwas eigenartige Zwischenmahlzeit in der ersten Hälfte des 19. Jahrhunderts, als man in der Biedermeierzeit Form und Aussehen des Rollmopses mit der Form der Hunderasse Mops assoziierte.

Das Panoptikum am Spielbudenplatz beherbergt viele illustre Gäste – aus Wachs.

Matjesfilet Hausfrauenart

8 Matjesfilets	ca. 30 Minuten in
250 ml Milch	ziehen lassen.
3 Äpfel	schälen, das Kerngehäuse entfernen und in Scheiben schneiden.
3 Zwiebeln	schälen und in feine Ringe schneiden. Aus
½ Glas Mayonnaise	
1 Becher Joghurt	
125 ml Sahne	eine Sauce herstellen. Mit
1 Prise Salz, 1 Prise Pfeffer	
1 Prise Piment	würzen. Die Zwiebeln und die Äpfel hineingeben und gut durchrühren. Die abgetropften Matjesfilets auf Teller verteilen und mit der Sauce anrichten.

Tipp: Dazu Pellkartoffeln.

Matjeshering

12 – 16 Matjesfilets	gut wässern oder über Nacht in
Milch	einlegen, damit sie nicht zu salzig sind. Auf einer Platte über zerhackten
Eisstücken	anrichten und mit
Zwiebelringen	belegen.

Tipp: Dazu Schneidebohnen in Béchamelsauce, Pellkartoffeln und Specksauce.

Ein Blick über die Elbe Richtung Süden mit der Schiffswerft Blohm & Voss im Hintergrund.

Heringsdipp

150 g rote Zwiebeln	pellen und in Ringe schneiden.
120 g Gewürzgurken	in Scheiben schneiden.
150 g Äpfel	waschen, entkernen, vierteln und in Scheiben schneiden.
250 g Bismarckheringsfilets	in kleine Stücke (2 Zentimeter) schneiden.
½ Bund Dill	waschen, zupfen, trocknen und grob hacken. Sobald die Zutaten geschnitten sind,
150 g Creme fraiche	
150 g saure Sahne	
1 TL Meerrettich (aus dem Glas)	
1 TL Senf	verrühren.
Salz	
Pfeffer	dazugeben. Nun alle anderen Zutaten in die Sauce geben, gut vermischen und mindestens 2 Stunden ziehen lassen.

Maritimes gibt es auf St. Pauli natürlich auch.

Makrelen in Käsesauce

800 g Makrelen (küchenfertig)	unter fließend kaltem Wasser abspülen, trocken tupfen und mit
750 ml Wasser	
1 Lorbeerblatt	
1 TL Senfkörnern	
1 Prise Salz	
1 Prise Pfeffer	
4 Zitronenscheiben	im geschlossenen Mikrowellengeschirr bei voller Leistung ca. 15 Minuten garen. Danach den Fisch aus der Garflüssigkeit nehmen und warm stellen. Die Flüssigkeit durch ein Sieb gießen und 250 ml davon abmessen für die Käsesauce.
50 g Butter	
3 EL Weizenmehl	
125 ml Sahne	mit der abgemessenen Fischflüssigkeit in einem hohen Glasgefäß verrühren.
50 g Käse	(gerieben)
1 Prise Salz	
1 Prise Pfeffer	
1 Prise Zucker	hinzufügen und im geschlossenen Mikrowellengeschirr ca. 4 Minuten garen. Zwischendurch ein- bis zweimal umrühren.
1 Bund Petersilie	(gehackt) unter die fertige Sauce rühren und über den Fisch verteilen.

Tipp: Dazu Petersilienkartoffeln.

Große und kleine Schiffe auf der Elbe bieten dem Betrachter bewegte Bilder.

Fischfilet in Joghurtsauce

1 Zwiebel	pellen, würfeln und in erhitztem
Öl (2 EL)	dünsten. Anschließend
100 ml Joghurt	
1 Zehe Knoblauch	(fein gehackt)
1 TL Ingwer	(fein gehackt)
1 TL Chilipulver	
½ TL Kurkuma	
1 TL Koreander	mischen und alles mit
1 Prise Salz	
1 Prise Pfeffer	würzen. Zu den Zwiebeln geben und ca. 10 Minuten köcheln lassen. Bei Bedarf etwas Wasser zufügen.
600 g Fischfilet (z. B. Kabeljau)	würzen, in
Mehl	wenden und in heißem
Öl	braten. Die Sauce über den Fisch geben.

Tipp: Dazu Reis.

Die »Hamburger Fischverkäuferin« versieht vor der Alt Helgoländer Fischerstube ihre Arbeit.

Curry-Fisch

600 g Kabeljaufilet	waschen und trocken tupfen. Mit
Saft einer Zitrone	beträufeln und mit
1 ½ TL Curry	
1 Prise Salz	
1 Prise Pfeffer	würzen und beiseitestellen.
1 Zwiebel	in Würfel schneiden und in
3 EL Öl	goldgelb dünsten. Anschließend mit
1 EL Mehl	bestäuben.
2 Äpfel	waschen, schälen, entkernen und in Spalten schneiden. Apfelspalten zu dem Zwiebelgemüse geben, mit
125 ml Weißwein	ablöschen und kurz aufkochen lassen. Den Fisch auf das Zwiebel-Apfelgemüse legen und ca. 10 Minuten ziehen lassen. Vor dem Servieren mit
40 g Haselnüssen	(gerieben) bestreuen.

Tipp: Dazu passt am besten Reis.

Er steht der Hamburger Fischverkäuferin natürlich immer treu zur Seite.

Kabeljau in Senfschaum

300 g Möhren	
250 g Zuckerschoten	waschen, putzen, die Möhren in Stifte schneiden und die Zuckerschoten je nach Größe evtl. halbieren. Mit
½ TL Zucker	
1 Prise Salz	
2 EL Pflanzenfett	ca. 2 Minuten auf kleiner Flamme dünsten.
4 Kabeljaufilets (je 150 g)	säubern und mit
1 Zitrone	säuern. Mit
1 Prise Salz	
1 Prise Pfeffer	würzen und in
1 EL Mehl	wenden.
3 EL Pflanzenfett	in der Pfanne erhitzen und das Fischfilet von jeder Seite ca. 3 – 4 Minuten braten. Aus der Pfanne nehmen und warm stellen.
100 ml Weißwein	
100 ml Fischfond	in den Bratenfond geben und einkochen lassen.
4 TL Senf	unterrühren und die Sauce mit
1 Eigelb	eindicken. Zum Schluss
2 EL Sahne	(geschlagen) unterheben und mit
Salz	
Pfeffer	gut abschmecken. Das Fischfilet auf dem Gemüse anrichten und den Senfschaum darübergeben.

An der Feldstraße muss man vor diesem Bullen keine Angst haben – er ist nur aus Stein.

Kabeljau-Gulasch

800 g Kabeljaufilet	in mundgerechte Stücke schneiden. Mit
1 Prise Salz	
1 Prise Pfeffer	würzen, mit
1 EL Curry	bestreuen und beiseitestellen.
2 EL Butter	in einem Topf erhitzen. Darin
2 Zwiebeln	(fein gehackt)
1 Zehe Knoblauch	(fein gehackt) glasig andünsten.
1 EL Ingwerknolle	(fein gehackt) zugeben und mitdünsten.
40 g Mehl	
1 EL Curry	darüberstäuben und gut miteinander vermischen. Mit
1 l Fischfond (Instant)	ablöschen und
500 ml Sahne	angießen. Das Ganze ca. 15 Minuten köcheln lassen.
	5 Minuten vor Garzeit
1 Frühlingszwiebel	(in feine Ringe geschnitten)
1 Paprikaschote (rot)	(in feine Streifen geschnitten) zugeben. Vorbereitetes Fischfilet vorsichtig unterheben und ca. 5 Minuten erwärmen.

Tipp: Dazu Reis.

Das Boot an der Hafenstraße hat eher einen symbolischen Wert als eine echte Seetüchtigkeit.

Die Sprache der Fotos

Auf die Sichtweise kommt es an

St. Pauli ohne Günter Zint – das wäre so etwas wie ein Buch ohne Bilder. Man kann in ihm lesen, aber wie das Leben »aussieht«, kann man nur erahnen. Günter Zint hat den Hamburger Stadtteil St. Pauli fotografisch dokumentiert wie kein anderer. Sein Werdegang aber führte ihn durch viele Winkel des Bilder- und Seelenlebens.

Geboren 1941, wuchs Zint in Fulda auf, verließ 1958 die Realschule, um als Volontär bei der Deutschen Presseagentur in Frankfurt, Berlin und München einen neuen Lebensabschnitt zu beginnen. »Mein erstes Foto hat übrigens die Fuldaer Zeitung 1954 gedruckt«, erinnert sich Zint. Für das Motiv – ein Dackel und eine Ente, die aus einem Napf fressen – gab es fünf Mark Honorar. »Somit war meine Karriere beim Parzeller-Verlag vorgezeichnet«, urteilt der 66-Jährige, der dem Verlag auch weiter verbunden blieb, da mehrere seiner Bücher hier gedruckt wurden. »Flußlauf« etwa befasst sich mit den Veränderungen der Landschaft entlang der Fulda, hervorgerufen durch die DB-Neubaustrecke Hannover-Würzburg.

Der Ausbildung zum Bildjournalisten und Redakteur folgten Reportertätigkeiten bei »Quick« und »Twen«, ehe Zint als freier Fotograf in Schweden und England arbeitete. Schwerpunktmäßig galt sein berufliches Interesse bald der Musikszene in London, Berlin und Hamburg.

Über drei Millionen Mal hat er auf den Auslöser gedrückt. Die alte Fotografen-Tugend »Ran ans Motiv« nahm Günter Zint immer wörtlich. So entstanden seine

Domenica beim Blick in den Spiegel. ©Günter Zint

Fotos von den Straßenkämpfen der Pariser Studenten im Mai 1968 oder von der mutigen Aktion der unerschrockenen Greenpeace-Aktivistin Monika Griefahn im Kampf gegen die Giftmüllverklappung in der Nordsee. Unvergessen ist seine Zeit in Hamburg, die er von Beginn an einer neuen Ära der Musikgeschichte dokumentierte.

A Hard Days Night

»Die Not hat ein Ende! Die Zeit der Dorfmusik ist vorbei! Am Freitag, dem 13. April, eröffnet der Star-Club die Rock 'n' Twist-Parade 1962.« So stand es auf grellen orangefarbenen Plakaten, die überall in St. Pauli ausgehängt waren. Ein bisher unbekanntes Musik-Feeling fand damit in Hamburg seinen Einzug. Bis dahin war Rockmusik noch Untergrund, Subkultur, der Sound einer kleinen, radikalen Minderheit. Nun sollte sich dieser Sound mitten auf dem Kiez zum Magneten für eine immer größer werdende Fangemeinde entwickeln. Breite Kreise der Jugend hatten anfänglich noch eine Scheu vor dieser neuen Musik, viel mehr noch ihre Eltern. Aber diese Scheu wich schnell.

Ebenso schnell entwickelte sich der Star-Club zum damals wohl berühmtesten Beat-Club der Welt. Da waren nicht nur die Beatles, auch Jimi Hendrix, The Doors, Frank Zappa,

Demo an der Hafenstraße. ©Günter Zint

Ray Charles, Manfred Mann und viele andere Rockmusiker stiegen abends für eine lange Nacht auf die Bühnenbretter des Clubs. Heute beteuert Paul McCartney, dass der Star-Club die härteste und beste Schule gewesen sei, die man als Musiker durchlaufen konnte.

Ein kleines Stück Freiheit

Bald besuchten jährlich fast eine Million Gäste den Star-Club. Als Jugendlicher in Hamburg musste man dort gewesen sein. Doch Rockfans kamen nicht nur aus der Hansestadt; bis nach England, Frankreich oder Skandinavien wirkte der musikalische Magnet.

Hier gab es das, wonach die Jugend hungerte. Der Star-Club war ein kleines Stück Freiheit in einer feindlichen Welt, die von Autoritäten, Verboten und Zwängen beherrscht war und alles, was Spaß machte, bekämpfte und zu unterdrücken versuchte: den Rock, den Beat, Sex, die langen Haare und sogar das Jungsein überhaupt. Im Star-Club aber hatte die Gesellschaft der Spießer keine Macht.

Als der Club Ende 1969 geschlossen wurde, war das eine bittere Stunde für viele Musikfreunde in ganz Europa. 1983 brannte das Gebäude völlig aus und wurde vier Jahre später abgerissen.

Traum von alten Zeiten

Im Laufe der Jahre wurde dem Kiez-Bewohner Zint Hamburg immer vertrauter. Als er 1982 sein Bilderbuch »Die weiße Taube flog für immer davon...« vorstellte, wunderte sich der Fotograf darüber, dass ein weltberühmter Stadtteil wie St. Pauli weder eine Geschichtswerkstatt noch ein Museum besaß. Als der ehemalige Star-Club ausbrannte, versuchte Zint in dieser Brandruine seinen Traum vom »St. Pauli Museum« zu realisieren. Doch die Umsetzung dieser Idee in die Realität

Nackte Wahrheit auf St. Pauli? ©Günter Zint

dauerte bis 1991. Dann war es soweit. Pünktlich zum 100. Geburtstag von Hans Albers eröffnete das Museum mit einem dreitägigen Festprogramm. Zwei Tage zuvor hatten sich Paul und Linda McCartney das Museum angesehen und vor der Instrumentensammlung des Star-Club von alten Zeiten geträumt.

1999 zog Günter Zint, Vater von fünf Kindern, mit seinem riesigen Archiv und seiner Familie auf einen Bauernhof zwischen Hamburg und Bremen um. Als »Rentner« im Unruhestand wurde der umtriebige Fotojournalist im selben Jahr mit vielen Ehrungen überhäuft. Das Institut für Sozialforschung von Jan Philipp Reemtsma finanzierte die Digitalisierung des gesamten Fotobestandes – und das St. Pauli Museum ist für die nächste Zeit durch eine Förderung der Kulturbehörde Hamburg gesichert. Dass Zint sich eine »Auszeit« gönnt, um sich in der Idylle des 400-Seelen-Ortes Fahrendorf im Teufelsmoor von einem turbulenten Fotografenleben zu entspannen, wie seine Frau Mackie hofft, bezweifeln Freunde und Mitarbeiter.

Auch die Möwen sind Gäste des Fischmarkts ©Günter Zint

Schellfisch

1 – 1 ½ kg Schellfisch (möglichst im Ganzen)	ausnehmen und schuppen lassen, aber Kopf und Schwanz daranlassen.
¼ l Essig	
3 EL Salz	in
2 l Wasser	geben und kochen lassen. Den Fisch unter fließendem Wasser abwaschen und auf den Einsatz eines Fischtopfs oder eine große Serviette legen und vorsichtig in das mit den Gewürzen kochende Wasser senken. Der Fisch muss gut mit Wasser bedeckt sein. Wenn das Wasser wieder zu sieden beginnt, Temperatur zurückschalten und den Fisch 15 – 20 Minuten ziehen lassen. Auf einer vorgewärmten Platte anrichten.

Tipp: Dazu Salzkartoffeln und Petersilien- oder Krebssauce. Dorsch und Kabeljau werden ebenso wie Schellfisch zubereitet. Dazu Salz- oder Petersilienkartoffeln und Senf-, Petersiliensauce.

Fußballfans des FC. St. Pauli im Millerntor-Stadion.

Dorsch mit Senfsauce

2 Dorsche (zu je etwa 800 g)	ausnehmen und gründlich waschen.
1 l Wasser	mit
2 EL Salz	
⅛ l Essig	
1 EL weißen Pfefferkörnern	
1 Lorbeerblatt	
1 TL Senfkörnern	
1 Zwiebel	(klein gehackt) aufkochen. Die Dorsche in den Sud legen und 20 Minuten ziehen, aber nicht kochen lassen. Dann herausnehmen und auf einer vorgewärmten Platte anrichten. Während der Dorsch gart, für die Sauce
125 g Butter (oder Margarine)	
125 g mittelscharfen Senf	
⅛ l Milch	
1 EL Zucker	
¼ TL Fleischextrakt	zusammen erhitzen und verrühren. Nach dem Aufkochen in einer Saucière anrichten und getrennt zum Dorsch servieren.

Tipp: Dazu Specksalat.

Am Elbufer bei Nacht.

Aal in Dill

1 kg frischen Aal	waschen, ohne Kopf und Schwanz in ca. 5 cm große Stücke schneiden, mit
Zitronensaft	beträufeln und in
1 ¼ l Wasser	geben.
¼ l herben Weißwein	
1 Zwiebel	
gehackte Petersilie (1 Bund)	
Schale einer Zitrone	
Dill	
Pfeffer	
Salz	hineingeben und 30 Minuten sieden (nicht kochen) lassen. Die Aalstücke herausnehmen und warm stellen. Für die Sauce eine helle Mehlschwitze machen, mit dem Fischsud glatt rühren, 3 Minuten kochen lassen Dabei gut umrühren und zum Schluss
⅛ l süßen Rahm	hineinrühren. Die heiße Sauce über die Aalstücke gießen und sofort servieren.

Tipp: Dazu Pellkartoffeln und Gurkensalat.

Tauwerk auf dem Großsegler.

Gekochter Aal mit Rhabarberkompott

1 kg frische Aale	ausnehmen, gründlich waschen, die schleimige Haut mit
Salz	abreiben. Die Fische dann noch einmal abspülen und anschließend in 10 – 15 cm lange Stücke schneiden.
½ l Wasser	mit
Salz	
½ TL schwarzen Pfefferkörnern	
1 Lorbeerblatt	
1 Nelke	
1 Zwiebel	(fein gehackt)
1 EL Weinessig	aufkochen. Die Aalstücke in den Sud geben und 30 Minuten darin sieden, aber nicht kochen lassen. Vor dem Servieren herausheben und abtropfen lassen.
500 g Rhabarber	putzen, waschen, in 1 cm lange Stücke schneiden.
150 g Zucker	in
½ l Wasser	aufkochen. Den Rhabarber in kleinen Portionen nacheinander darin garen. Jeweils so viel in den Topf geben, dass die Flüssigkeit die Fruchtstücke knapp bedeckt. Sie dürfen nur einmal darin aufkochen, werden dann mit einer Schaumkelle herausgehoben und in eine Schüssel gelegt. Die letzte Portion Rhabarber wird dann mit der Flüssigkeit in die Schüssel gegeben. Das Kompott muss dann mindestens noch 10 Minuten durchziehen.

Tipp: Dazu Salzkartoffeln mit brauner Butter.

chmarkt

ıle ... Konkurrenz belebt das Geschäft

Hier begann die Karriere der Beatles.

Klein aber fein

In früheren Zeiten konnte der Stint in den Flüssen in großen Mengen gefangen werden. An Stelle von Netzen wurden dazu Waschkörbe verwendet. In Hamburg weist noch die Ortsbezeichnung Stintfang darauf hin, und in Lüneburg ist gar die Kneipenmeile nach dem Fisch benannt.

Lange war der Stint kommerziell kaum von Bedeutung, da er in den verschmutzten Flüssen nur in geringer Zahl anzutreffen und somit wenig gefragt war. Mit zunehmend sauberen Flüssen wird er jetzt aber wieder in größeren Mengen von kleinen Fischereibetrieben gefangen. Vom Fang und Angebot des Stintes profitieren vor allem auch Restaurants, die diesen Fisch saisonal als kulinarische Besonderheit anbieten. Teilweise werden diese Restaurants auch von den Stint-Fischern selbst erfolgreich betrieben. Insbesondere an der Elbe in der Region Hamburg kann es sich heute kein Restaurant, das etwas auf sich hält, mehr leisten, auf den Stint zu verzichten.

Kulinarischer Aspekt

Obwohl recht klein, ist er als Speisefisch sehr geschätzt. Der Kopf wird hierbei für gewöhnlich entfernt, der Schwanz und die Gräten hingegen nicht, da sie ausgesprochen zart sind. Gegessen wird Stint meist mit der Hand. Der Fisch wird oft gebacken, in Norddeutschland jedoch traditionell in Roggenmehl gewendet und anschließend in Butter und Speck gebraten. Der Stint wird auch geräuchert oder wie Brathering sauer eingelegt angeboten.

Das St Pauli Museum in der Hein-Hoyer-Straße.

Stinte

pro Person 10 – 15 Stinte	ausnehmen. Kopf und Schwanz müssen aber dran bleiben.
2 Eier	verquirlen. Darin die Stinte wenden und anschließend in
1 Tasse Buchweizenmehl	wenden.
Reichlich Margarine oder Butter	in der Pfanne erhitzen und die Fische mit dem Schwanz nach innen sternförmig sehr dicht nebeneinander auslegen und backen. So viel rauchheißes Fett verwenden, dass die Stinte davon bedeckt sind. Wenn die Fische auf der einen Seite braun gebraten sind, kann man sie wie einen Pfannkuchen im Ganzen umwenden. Vor dem Wenden mit
Zitronensaft	beträufeln und mit
Petersilie	(grob gehackt) bestreuen. Die fertigen Fische werden auf einer vorgewärmten Platte im geheizten Backofen warm gestellt.

Tipp: Dazu gibt es Kartoffelsalat.

Blick auf die St. Pauli Landungsbrücken.

Gebratener Seeteufel in Zucchinisauce

80 g Zwiebeln	schälen,
60 g Stangensellerie	waschen, putzen,
300 g Zucchini	putzen. Zwiebeln, Sellerie und Zucchini in Würfel schneiden.
1 Chilischote (rot)	längs halbieren, Samen entfernen und das Fruchtfleisch fein hacken.
1 EL Rapsöl	in einer Kasserolle erhitzen und die Zwiebel- und Selleriewürfel darin hell anschwitzen. Die Zucchini- und Selleriewürfel zugeben und ca. 5 Minuten mitdünsten.
100 ml Wasser	
1 EL Weißweinessig	zugießen und zugedeckt ca. 5 Minuten bei geringer Hitze köcheln lassen. Mit dem Mixstab fein pürieren. Mit einer Gabel
15 g Butter	mit
1 TL Mehl	vermischen und unter das Zucchinigemüse geben. Mit
1 Prise Salz	
1 Prise Pfeffer	
½ TL Paprikapulver (edelsüß)	würzen. Nun
150 ml Milch	hinzugeben und unter ständigem Rühren bei mittlerer Hitze ca. 8 Minuten köcheln lassen.

Auch Nudeln finden auf dem Fischmarkt reißenden Absatz.

300 g Zucchini	putzen, waschen und in ca. 1 Millimeter dicke Scheiben schneiden.
1 TL Mehl	
1 Prise Salz	
1 Prise Pfeffer	in einem Frischhaltebeutel mischen und die Zucchinischeiben darin wälzen. In ein Sieb geben und das überschüssige Mehl abklopfen. Etwa
1 l Öl	in einer großen Pfanne erhitzen und die Zucchinischeiben darin portionsweise goldgelb frittieren. Herausnehmen und auf Küchenpapier abtropfen lassen. Von
4 Scheiben Seeteufel	die Haut so gut wie möglich entfernen. Den Fisch mit
1 Prise Salz	
1 Prise Pfeffer	würzen.
2 EL Rapsöl	
30 g Butter	in einer Pfanne erhitzen und die Scheiben darin 3 – 4 Minuten braten. Den Fisch mit den Zucchinichips und der Sauce auf den Tellern anrichten und mit
Petersilienblättchen	garniert servieren.

Für den großen oder kleinen Durst.

Die Kogge

Für Riikka Beust und Gernot Krainer sind nicht die Tage im Beruf lang – es sind die Nächte – ganz wie es sich für St. Pauli gehört. Gernot erzählt, warum das im Rock 'n' Roll Hotel ›Kogge‹ so ist:

»Ich hätte es vor gut drei Jahren auch nicht geglaubt, hier zu sitzen und mir den Kopf darüber zerbrechen zu müssen, wie man 28 japanische Musiker in zwölf kleinen Zimmern unterbringt. Nun, Japaner sind ja eher klein. Wenn man diese also zu fünft in die großen Doppelbetten bekommt, dann müsste es doch klappen. Hat es dann auch, nachdem unsere Gäste gut gelaunt aus der Hotelbar unter Riikkas fürsorglicher Betreuung den Weg auf ihre Zimmer gefunden hatten. Riikka ist übrigens Hoteldirektorin mit elterlichen Wurzeln in Finnland.

Mich einen Hotelier nennen zu dürfen, damit hätte ich damals auch nicht gerechnet. Denn diese Berufsbezeichnung klingt eigentlich ziemlich steif, zu steif für unser Hotel. Vielleicht besser Herbergsvater oder Rock 'n' Roll Beauftragter eines Musikeretablissements. Schließlich übernachten hier nicht einfach nur Hotelgäste, sondern sie wollen auch unterhalten und gefüttert werden. Das mit der Unterhaltung klappt auch meistens von alleine ganz gut. In unserer Hotelbar triffst Du immer Menschen, die mit Dir einen Schnaps trinken wollen – oder auch zwei, Menschen, die aus ihrem Künstlerleben immer etwas zu berichten haben. Aber man muss nicht Künstler sein, um bei uns abzusteigen.

Fernseher auf den Zimmern gibt es nicht, denn die Filme laufen woanders. Die ultimative Livesoap spielt sich hier direkt und täglich neben Dir ab. Drama, Liebe, Wahnsinn, gebrochene Herzen, Freunde fürs Leben, alles findet sich hier. Und wenn Du nicht aufpasst, dann bist Du mittendrin. St. Pauli halt.«

Riikka verrät den Lesern hier ein Rezept aus ihrer mütterlichen Heimat:

Hotel und Bar für Künstler und ganz normale Menschen.

Riikkas Mamas JANSONIN KIUSAUS (Jansons Versuchung)

1 kg Kartoffeln	in Scheiben in eine Auflaufform geben.
3 große Zwiebeln	in Streifen schneiden und darübergeben.
1 große Dose Anchovis	abtropfen und verteilen. Mit
Sahne	auffüllen, bis der Auflauf fast ganz bedeckt ist. Mit
Salz und Pfeffer	würzen und für ca. 40 Minuten bei 200°C in den Ofen. Feeeeertich!

Ein Firmenwagen ist immer gut.

Krabben in Dill

1 EL Butter	
1 EL Mehl	zu einer Mehlschwitze machen.
½ l milde Fleischbrühe	mit der Mehlschwitze glatt rühren und 3 Minuten kochen lassen.
2 Eigelb oder 1 ganzes Ei	
⅛ l süßen Rahm	
2 Bund Dill (fein gehackt)	unterquirlen.
600 g Krabbenfleisch	dazugeben und erhitzen, aber nicht kochen.
Salz	nach Bedarf dazugeben.

Tipp: Dazu körnig gekochter Reis. Nimmt man dieses Gericht als warme Vorspeise, so rechnet man 200 g Krabbenfleisch und 3/8 l Brühe.

Diese Meerjungfrau hat es bis in die Große Freiheit geschafft.

Krabben pulen

Wie im ganzen Nordseeküstengebiet gibt es auch in Hamburg fast immer frische Nordseekrabben, korrekt Garnelen oder Granat genannt. Am zünftigsten kauft man sie morgens auf dem Hamburger Fischmarkt, etwa nach einer durchfeierten Nacht, pult sie dann im Kreise der Festgenossen und isst sie pur.

Krabben-Rührei (Zutaten für 1 Portion)

50 g Lauchzwiebeln	
100 g Champignons	waschen. Beides in Scheiben schneiden.
2 Eier	
60 ml Milch	verquirlen. Mit
Salz	
Pfeffer	
Curry	würzen.
Öl	in einer Pfanne erhitzen. Lauchzwiebeln und Pilze darin anbraten.
30 g Krabben	kurz abspülen und in die Pfanne geben. Die Eiermilch darübergießen und bei schwacher Hitze stocken lassen.
3 Stängel Petersilie	waschen und hacken darüberstreuen.

Tipp: Je nach Geschmack das Krabben-Rührei auf deftigem Brot anrichten.

Der Bug der Mir zeigt stromaufwärts.

Garnelenpfanne

400 g Paprikaschoten (rot, grün, gelb)	waschen und in Scheiben schneiden.
12 Garnelen (ohne Kopf, mit Schale)	im heißen
Öl (5 EL)	5 Minuten braten. Herausnehmen und warm stellen. Paprika mit
250 g Rundkornreis	
½ TL Safran (gemahlen)	in der Pfanne glasig dünsten. Mit
1 Knoblauchzehe	(durchgepresst)
1 Prise Salz	
1 Prise Pfeffer	würzen. Mit
200 ml Gemüsebrühe	auffüllen. Bei milder Hitze unter Rühren 15 Minuten offen garen.
300 ml Gemüsebrühe	
150 g Erbsen	zugeben und weitere 15 Minuten garen, bis alle Flüssigkeit verdampft ist. Mit den Garnelen und
60 g schwarzen Oliven	belegen.
1 Zitrone	in Achtel schneiden und darauflegen. Mit
1 Bund Petersilie	(klein gehackt) bestreut servieren.

Hier trifft man sich.

Felchenfiletstreifen mit Zucchini

400 g Felchenfilet	in Streifen schneiden, mit
1 Prise Salz	
1 Prise Pfeffer	würzen.
1 EL Petersilie	(gehackt)
½ EL Mehl	
1 EL Sahne	zufügen und 30 Minuten marinieren.
40 g Butter	
1 EL Olivenöl	erhitzen und die Felchen darin goldgelb braten.
200 g Kartoffeln	schälen, kochen, vierteln und anschließend in Olivenöl braten. Kurz vor Schluss
400 g Zucchini	(in Scheiben geschnitten) beifügen und mitbraten. Würzen nach Geschmack und mit
Thymianblättchen	bestreuen. Kartoffelgemüse und Fisch vermischen und auf Tellern anrichten. Mit
Saft einer halben Zitrone	beträufeln.

Dwarslöper

4 Taschenkrebse	in einen großen Topf mit reichlich sprudelnd kochendem Wasser werfen. 5 Minuten im zugedeckten Topf kochen, dann weitere 15 Minuten ziehen lassen, bis sie leuchtend rot sind. Anschließend im Wasser erkalten lassen. Den harten Panzer und die Scheren aufbrechen – man kann das ganze Innere essen.

Tipp: Dazu heißes Weißbrot, Zitronensaft zum Beträufeln und je nach Geschmack Kräuterremoulade oder andere Dipps.

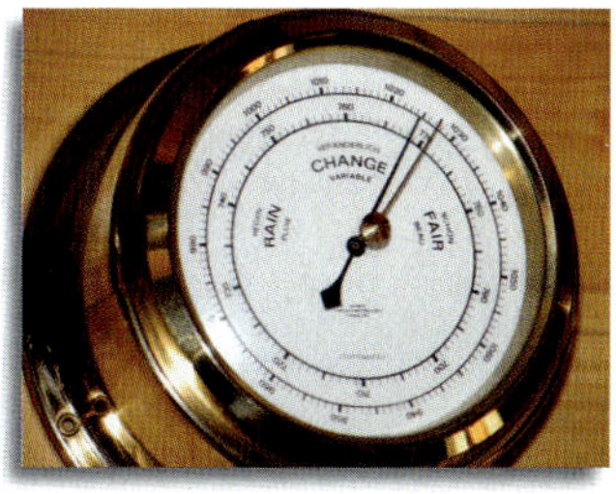

Der Luftdruck soll auf St. Pauli besonders hoch sein, sagt man.

Carpaccio von Lachs und Fenchel

4 Fenchelknollen	waschen, in dünne Scheiben schneiden oder hobeln und mit
100 ml Gemüsefond	
2 EL Weinessig	kurz aufkochen. Den Fenchel herausnehmen, Fond zurückbehalten und beides abkühlen lassen.
2 Zitronen	auspressen und den Saft mit
100 ml Olivenöl	in den Fond rühren. Mit
Salz	
Pfeffer	abschmecken.
4 Tomaten	würfeln.
2 EL Fenchelkraut	unter die Fenchelscheiben mischen. Mit
400 g Lachs	(in hauchdünnen Scheiben) anrichten. Gleichmäßig mit der Sauce beträufeln und mit
Blattsalat	und den Tomatenwürfeln garnieren.

Indianer auf der Reeperbahn? Das gibt es.

Vom Frühstück zum Abendessen

Hans Gröschel nickt, um seine eigenen Worte zu bestätigen: »Früher war hier alles ganz anders.« Er sitzt in »seinem« Fischerhaus, dem weit bekannten gutbürgerlichen Restaurant am St. Pauli Fischmarkt. Der 77-jährige Inhaber und immer noch Chefkoch im Fischerhaus erinnert sich: »Die Finkenwerder Fischer saßen hier. 20 Grog zu trinken, war gar nichts für die.« Damals, vor rund einem halben Jahrhundert wurden die Fischauktionen noch in privater Hand durchgeführt. »Es wurde dann später verstaatlicht«, so Gröschel. »Und wo zuvor ein Mann Arbeiten erledigte, saßen nun zwei Beamte.«

Für Hans Gröschel ist die Rente mit 67 gegenstandslos. Er fühlt sich auch heute noch fit und hat die Restaurantküche fest im Griff. Ob ein Essen zu zweit am Tisch oder eine Gruppe von 50 Personen speisen möchte – alles geht. Das hatte im Fischerhaus allerdings ganz anders angefangen. Gröschel: »Vorher war in diesen Räumen eine Fischfabrik gewesen. Dann wurde im alten Teil des Restaurants ein Frühstückslokal mit Lifemusik betrieben. Wir hatten, wenn Fischauktion war, morgens um vier Uhr Berge von Brötchen mit Mettwurst und Käse gemacht.«

Der Vater von vier Kindern, die auch alle in der Gastronomie tätig sind, wollte eigentlich mit 65 Jahren aufhören. Doch gerade zu dem Zeitpunkt bot ihm die Stadt Hamburg an, das bis dahin gemietete Lokal zu kaufen und damit vergrößern zu können. Doch dieser Plan drohte daran zu scheitern, dass die Bank in Hamburg, deren Namen wir nicht nennen, Gröschel

Hier bitteschön geht's hinein ins Fischerhaus.

kein Geld für das Projekt geben wollte. »Ich war dann in meiner elterlichen Heimat in Schwaben zu Besuch und traf dort einen alten Bekannten wieder, der mich fragte, wie es mir geht. Ich sagte ihm, warum es mir nicht so gut gehe. ›Brauchen Sie Geld?‹, fragte er mich.«

Der Bekannte arbeitete für die Volksbank Drossingen, schaute sich wenige Tage später Hamburg an, trank mit Hans Gröschel einen Eiergrog, und die Verträge wurden unterzeichnet. »Das einzige Versprechen, das ich meiner Frau gegenüber nicht eingelöst habe, ist, mit 65 Jahren aufzuhören«, gesteht der Koch aus Leidenschaft, der aber die Geschäftsleitung schon mal an seine Tochter weitergegeben hat. Was er an die Leser des St. Pauli-Kochbuchs weitergibt, sind zwei Rezepte seiner immer wieder gern bereiteten Speisen:

Goldbarschfilet in Bierteig

200 g Mehl	mit
1 Flasche Bier	
1 Prise Salz	
1 EL Öl	zu einem glatten Teig verrühren. An einem warmen Platz ½ Stunde ruhen lassen.
2 Eiweiß	(steif geschlagen) unterheben.
800 g Goldbarschfilet	in daumendicke Streifen schneiden und mit
Saft einer halben Zitrone	beträufeln. Mit
Mehl	bestäuben. Die Fischstreifen einzeln in den Bierteig tauchen und in der Friteuse ausbacken.

Tipp: Als Beilage Kartoffelsalat und Remouladensauce reichen.

Fische nicht nur im Wasser oder auf dem Teller.

Steinbeißer, gedünstet in Folie

4 Scheiben Steinbeißerfilet	waschen, trocken tupfen und mit
Saft einer Zitrone	beträufeln.
2 Bund Frühlingszwiebeln	putzen, fein hacken und in
2 EL Butter	andünsten. Mit
Pfeffer	
Salz	die Fischfilets würzen und einzeln auf ein Stück Alufolie legen. Die Frühlingszwiebeln und
Rosmarin (2 Zweige)	darauf verteilen sowie mit etwas
Weißwein (0,1 l)	beträufeln. Die Alufolie fest verschließen und im vorgeheizten Backofen bei 200 °C 30 Minuten garen.

Tipp: Petersilienkartoffeln und grünen Salat dazu reichen.

Das Fischerhaus wünscht guten Appetit!

Vom Fischerhaus blickt man direkt auf den St. Pauli Fischmarkt.

Chinesische Gemüsepfanne mit Huhn

500 g Hähnchenbrustfilet	in grobe Würfel schneiden.
2 Stangen Staudensellerie	in Stücke schneiden.
1 Bund Frühlingszwiebeln	in Ringe schneiden.
200 g Champignons	in Scheiben schneiden.
2 Paprikaschoten (rot und gelb)	in Streifen schneiden.
2 TL Sesamöl (oder Pflanzenöl)	in einer Pfanne erhitzen. Fleischwürfel zufügen und von allen Seiten ca. 5 Minuten anbraten. Geschnittenes Gemüse mit
100 g Bambussprossen	
50 g Sojasprossen	
150 g Zuckerbsenschoten	zufügen und zugedeckt ca. 5 Minuten schmoren.
5 EL Sojasauce	mit
½ Glas Sherry (25 ml)	verrühren und mit
250 g gegarten Glasnudeln	
4 TL gehackten Cashewnüssen	zum Gemüse geben. Alles einmal aufkochen. Mit
Salz, Pfeffer, Currypulver	abschmecken und servieren.

Schmuckstraße

Das Leben im Chinatown vergangener Zeiten ist heute nicht mehr ersichtlich. In der Schmuckstraße auf St. Pauli hatte sich vor rund 100 Jahren eine kleine chinesische Kolonie gebildet. Zeitweilig sollen bis zu 2000 Chinesen nördlich der Reeperbahn gelebt haben. Sie führten Restaurants, waren Schiffsausrüster, betrieben Wäschereien. Das Leben mit den einheimischen St. Paulianern war einvernehmlich und gut.

Nur noch eine Tafel erinnert an das einstige rege Treiben und Leben im so genannten Chinatown.

Asia-Pfanne mit Bambus

20 g Mu-Err-Pilze	nach Packungsanleitung quellen lassen und kochen.
150 g Langkornreis	in kochendem Salzwasser ca. 25 Minuten aufquellen lassen.
1 Dose Bambussprossen	abtropfen lassen.
250 g Lauch	
250 g Paprika (rot)	putzen und waschen. Alles klein schneiden.
150 g Shi-Take-Pilze	abreiben und Fleisch in dünne Streifen schneiden.
1 EL Öl	in einem Wok oder einer großen Pfanne erhitzen. Fleisch und Shi-Take-Pilze darin anbraten und herausnehmen.
1 EL Öl	im Bratfett erhitzen. Mu-Err-Pilze abtropfen lassen und klein schneiden. Mit dem Gemüse ca. 3 Minuten braten. Dann das Fleisch und die Shi-Take-Pilze zufügen.
250 ml Hühnerbrühe	mit
½ TL Speisestärke	
5 EL Sojasauce	
2 EL Ketchup	
4 EL Asia-Sauce	
evtl. etwas Sambal Oelek	verrühren. In die Pfanne gießen und 1 – 2 Minuten köcheln lassen. Nach Bedarf mit
China-Gewürz	abschmecken.

Doch dann bereiteten die Nazis dem friedlichen Miteinander ein jähes Ende. Am 13. Mai 1944 sperrten sie in der so genannten »Chinesenaktion« die Schmuckstraße ab und nahmen 165 Chinesen unter dem Vorwand der Kollaboration mit dem Feind fest. Im Arbeitslager Langer Morgen starben 17 von ihnen. Viele der chinesischen Bewohner St. Paulis verließen Deutschland nach der Befreiung.

Die Schmuckstraße ist heute nicht mehr so schmuckvoll wie einst.

Gemüse mit Schafskäse

500 g kleine Kartoffeln	mit Schale 10 Minuten in Salzwasser kochen. Schale abziehen.
500 g Zucchini	waschen, Enden abschneiden und in Scheiben schneiden.
500 g grüne Paprikaschoten	in Streifen schneiden. Kartoffeln, Zucchini und Paprika in heißem Wasser andünsten.
¼ l Brühe	
3 Lorbeerblätter	zugeben und im geschlossenen Topf 15 Minuten schmoren. Mit
Salz	
Edelsüß-Paprika	würzen.
1 Bund Lauchzwiebeln	in Ringe schneiden.
150 g Schafskäse	zerbröckeln und mit den Zwiebelringen über das Gemüse streuen. Im geschlossenen Topf ca. 5 Minuten weiterschmoren.

Wie wäre es mit einem Kaffee?
Gibt es auch auf St. Pauli.

Kartoffel-Artischocken-Pfanne

800 g kleine Kartoffeln	schälen und gar kochen.
400 g Artischockenherzen	vierteln.
2 Paprikaschoten (rot und gelb)	in Stücke schneiden.
2 TL Pflanzenöl	in einer Pfanne erhitzen. Kartoffeln und Paprikastücke zufügen, unter Rühren ca. 5 Minuten anbraten.
500 g grüne Bohnen	
2 Stängel Bohnenkraut	und die Artischocken zufügen. Mit
Salz	
Pfeffer	
Paprikapulver	würzen.
200 ml Gemüsebrühe	angießen und ca. 10 Minuten schmoren. Kartoffel-Artischocken-Pfanne abschmecken und mit
einigen Salbeiblättern	garniert servieren.

Der alte Bunker an der Feldstraße ist Sitz für Gewerbebetriebe und Ateliers.

Mangold-Chicorée-Gemüse

700 g Mangold	putzen, waschen und abtropfen lassen. Die Stiele von den Blättern entfernen.
1 Chicorée	in Längsrichtung vierteln, den Strunk herausschneiden. In Stücke schneiden, waschen und abtropfen lassen.
2 kleine Grapefruits	schälen und die weiße Haut dabei mit entfernen. Fruchtfilets herausschneiden.
1 Schalotte	
1 Knoblauchzehe	abziehen, fein würfeln.
60 g Rucola	verlesen, dicke Stängel abschneiden. Rucola waschen, trocken schleudern und die größeren Blätter einmal durchschneiden.
4 EL Olivenöl	in einem großen Topf erhitzen. Schalotte und Knoblauch darin andünsten. Mangold portionsweise nach und nach dazugeben. Topf mit einem Deckel verschließen, so dass der Mangold zusammenfallen kann. Dann erst die nächste Portion dazugeben. Chicorée und
Salz	
Pfeffer	
geriebene Muskatnuss	zugeben, mehrmals umrühren. Rucola, Grapefruitfilets und
Saft einer halben Zitrone	zugeben. Zum Schluss das Gemüse noch einmal abschmecken und servieren.

Ein gern besuchtes Ziel:
das Erotic Art Museum in der Bernhard-Nocht-Straße.

Würziges Spargelomelett

750 g weißen Spargel	waschen, von oben nach unten dünn schälen, dabei darauf achten, dass die Schalen vollständig entfernt, die Köpfe aber nicht verletzt werden. Die unteren Enden abschneiden, holzige Stellen entfernen. Den Spargel kalt abspülen, dann in Salzwasser mit Deckel ca. 15 Minuten bei schwacher Hitze kochen. Den Spargel mit einem Schaumlöffel vorsichtig herausnehmen und warm stellen. Für die Omeletts
8 Eier	mit
½ TL Salz	in einer Rührschüssel mit einem Schneebesen schlagen.
100 g geriebenen Gouda	unterrühren.
Etwas Butterschmalz (oder Margarine)	in einer nicht zu großen Pfanne erhitzen. ¼ der Eimasse hinein geben und mit Deckel bei schwacher Hitze ca. 4 Minuten garen.
150 g Crème légère	mit
3 TL Haselnusskernen (gehackt)	verrühren. Jeweils ¼ der Creme auf einer Omeletthälfte verteilen. Darauf
2 Scheiben Schinken (pro Portion)	legen. Einige Spargelstangen daraufgeben. Mit
Kerbel (gehackte Blättchen)	bestreuen und das Omelett zur Hälfte überklappen. Die drei weiteren Omeletts in gleicher Weise zubereiten und nach Belieben mit Kerbel garnieren.

La Paloma – natürlich direkt am Hans-Albers-Platz.

Gefüllte Paprikaschoten

40 g Grünkern	in 200 ml Wasser ca. 20 Minuten garen und 10 Minuten quellen lassen.
4 bunte Paprikaschoten	der Länge nach halbieren und Kerngehäuse entfernen.
2 Zucchini	würfeln.
1 Stange Lauch	in feine Ringe schneiden.
½ Bund Schnittlauch	
½ Bund Petersilie	
½ Bund Oregano	
1 Knoblauchzehe	
1 Chilischote	hacken.
1 TL Olivenöl	in der Pfanne erhitzen und das vorbereitete Gemüse darin andünsten.
100 g Geflügelwurst	in Scheiben schneiden und
120 g Camembert	würfeln. Grünkern abtropfen lassen und mit Wurst, Käse und
1 TL grünen Pfefferkörnern	unter das Gemüse mischen. Mit
Kräutersalz	
Pfeffer	würzen. Mischung in die Paprikahälften füllen, in eine Auflaufform geben, restliche Füllung zugeben.
150 ml Gemüsebrühe	angießen und im vorgeheizten Backofen bei 200 °C ca. 30 Minuten backen. Paprikahälften herausnehmen und warm stellen. Gemüsefond nochmals erhitzen.
1 EL Tomatenmark	unterrühren und mit
Salz	
Pfeffer	
etwas Zucker	abschmecken. Paprikaschoten mit Sauce servieren.

Im Tatoo-Studio ist, wie üblich auf St. Pauli, hautnaher Kontakt erwünscht.

Mehr als ein Teller Suppe

Der Stadtteil St. Pauli und die Heilsarmee – das gehört zusammen wie ein passender Deckel zum Topf. Seit rund 35 Jahren ist die Armee, deren Waffen Gulaschkanone und Erbsensuppe sind, hier präsent. 80 bis 85 Menschen kommen an Tagen, in denen die Tagesstätte in der Talstraße geöffnet hat, in die Einrichtung, um Hilfe in Anspruch zu nehmen.

»Manche kommen nur zum Essen her, andere haben bei uns ihre Postadresse, lassen sich die Haare schneiden oder wollen auch einfach nur mit jemandem reden«, sagt Christa Benz, die zusammen mit Ihrem Mann Ernst Benz die Tagestätte in einem der ärmsten Stadtteile Hamburgs leitet. »Immer dienstags gibt es bei uns Suppe, die vom Steigenberger Hotel geliefert und gespendet wird«, so die Leiterin. Donnerstags kommt dann auf den Tisch, was die Hamburger Tafel an Lebensmittelspenden zusammengebracht und der Heilsarmee überreicht hat.

Die Heilsarmee gehört traditionell zum Stadtteil St. Pauli.

Benz: »Natürlich gibt es bei uns kein Gängemenü, aber wir bereiten schmackhafte Speisen zu, so dass alle, die zu uns kommen, immer mit einem gut gefüllten Bauch wieder gehen können.«

Zusammen mit sechs jungen Menschen, die ihr freiwilliges soziales Jahr bei der Heilsarmee leisten, werden Obdachlose, Hartz-IV-Hilfe-Empfänger und überhaupt jeder, der kommt, umsorgt, so gut es geht. Es gibt Duschmöglichkeiten und weitere Körperpflege, eine Kleiderausgabe, ein Nachtasyl im Winter, Kaffee bei Kerzenschein, Unterstützung beim Umgang mit Behörden, Gottesdienste und Seelsorge. »Ich komme zwar aus Billstedt, bin aber immer wieder gern hier, weil ich die Leute kenne und sich Freundschaften entwickelt haben«, erklärt Stefan Bülow, der sich hier schon richtig zuhause fühlt.

Christa Benz verrät uns, wie man auch ohne teure Zutaten schmackhafte Mahlzeiten zubereiten kann.

Gemüsesuppe

1 kg frisches Gemüse*	klein schneiden.
1 Lorbeerblatt	mit
2 Nelkenköpfen	auf
½ Zwiebel	stecken.
2 l Bouillon	aufkochen, Gemüse beigeben und ca. 45 Minuten weich kochen. Wer mag, kann
Bratwurstscheiben	(angebraten)
Wiener Würstchen	(in Scheiben) oder
Bratenreste	beigeben.

Uwe holt sich von der Donnerstagssuppe einen Nachschlag.

**Je nach Saison z. B. Möhren, Kartoffeln, Blumenkohl, Bohnen Broccoli, Porree, Wirsing, Frühlingszwiebeln, Paprika usw. Christa Benz: »Wir richten uns ganz nach der Hamburger Tafel, die uns die gespendeten Nahrungsmittel gibt. Wer selber einkauft, kann auch auf die Farbe des Gemüses achten. Das Auge isst mit!«*

Tipp: Die Suppe ist so reichhaltig und nahrhaft, dass man sie zusammen mit frischem Brot als Hauptmahlzeit servieren kann.

»Im Januar und Februar können unsere obdachlosen Gäste freitags, samstags und sonntags bei uns übernachten«, so Christa Benz. »Vor dem Schlafen gibt es jeweils ein Abendbrot. Der Menüplan richtet sich auch hier nach den Lebensmitteln, die uns die Hamburger Tafel bringt.«

Nachtasyl-Auflauf

300 g Nudeln (Spiralen, Muscheln, Rölli usw.)	kochen, bis sie noch etwas Biss haben.
Fett	in eine Auflaufform geben und die Nudeln darin anrichten.
200 g Schinken, Leberkäse oder	
Wurstwürfel	daruntermischen.
3 Eier	verquirlen und mit
2 dl Milch	mischen. Mit
1 Prise Salz	
1 Prise Pfeffer	
1 Prise Muskat	würzen und über die Nudeln verteilen. Das Ganze dick mit
Käse (gerieben) oder	
Mozzarellascheiben	belegen.
4 Tomaten	in Scheiben schneiden, auf den Käse legen, würzen. Der Auflauf wird im vorgeheizten Backofen auf der mittleren Schiene ca. 30 Minuten gebacken.

Mitarbeiter Jürgen und die Gäste Stefan und Uwe (v. l.) haben sich immer etwas zu erzählen.

Fischauflauf mit Spinat

2 Zwiebeln	schälen und klein schneiden.
1 EL Öl	erhitzen und die Zwiebeln darin andünsten.
2 Pakete Blattspinat (tiefgekühlt)	
100 ml Wasser	zufügen und zugedeckt 10 Minuten dünsten. Abtropfen lassen und mit
Salz	
Pfeffer	
Muskatnuss	würzen.
4 Tomaten	waschen und putzen.
1 Zitrone	waschen.
1 Paket Mozzarella	abtropfen lassen. Alles in Scheiben schneiden.
600 g Kabeljaufilet	waschen, trocken tupfen, in Stücke schneiden und mit etwas
Salz	
Pfeffer	würzen. Spinat, Tomaten, Zitrone, Fisch und Käse in eine mit
1 TL Fett	bestrichene Auflaufform schichten, mit etwas
Thymian	bestreuen und mit
Butterflöckchen (20 g)	belegen. Auflauf im vorgeheizten Backofen bei 200 °C ca. 20 Minuten backen. Herausnehmen und je nach Geschmack mit etwas
buntem Pfeffer	bestreuen.

Tipp: Dazu Reis.

Vom Hotel Hafen Hamburg aus überblickt man den Hafen und den Elblauf in Hamburg.

Spargel-Kartoffel-Auflauf

1 kg Grünspargel	an der unteren Hälfte schälen, in 3 – 4 cm lange Stücke schneiden und in siedendem Salzwasser 5 – 10 Minuten garen und erkalten lassen.
800 g festkochende Kartoffeln	waschen und in der Schale gar kochen, kurz mit kaltem Wasser abschrecken, pellen und (abgekühlt) in dünne Scheiben schneiden.
300 g gekochten Schinken	klein würfeln.
etwas Butter	in eine feste Form streichen. Spargelstücke und Schinken schichtweise in die Form geben.
300 g Creme fraiche	mit
Salz	
weißem Pfeffer	
1 Knoblauchzehe	(gepresst) würzen und über den Auflauf verteilen.
100 g Emmentaler Käse	(gerieben) darüberstreuen. Im Backofen bei 180 – 200 °C ca. 20 Minuten backen.

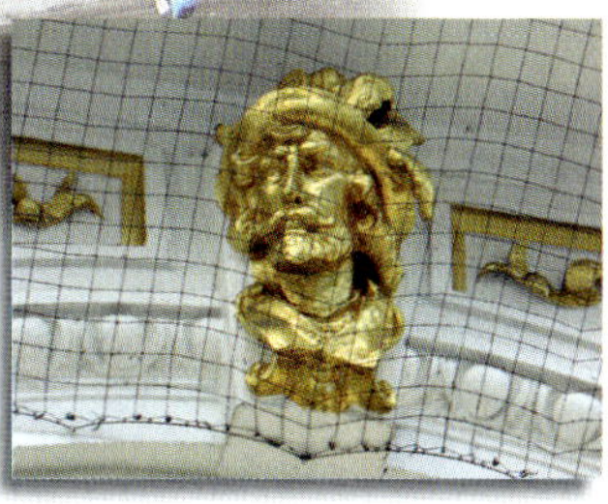

Goldig schaut er auf die vorübergehenden Passanten hinab.

Kohlrabi, überbacken

8 Kohlrabi	putzen, achteln und 15 Minuten in
Brühe	kochen. Aus der Kochbrühe mit
30 g Margarine	
30 g Mehl	eine Sauce bereiten.
¼ l saure Sahne	
2 Eigelb	unterheben. Mit
Salz	
Pfeffer	
Zucker	
Muskat	herzhaft abschmecken. Kohlrabi abschmecken und in eine gefettete Auflaufform geben.
150 g gewürfelten Katenschinken	darauf verteilen und mit der Sauce übergießen. Bei 225 °C 15 Minuten überbacken.

Kunst auf einem Hinterhof an der Feldstraße.

Spinatauflauf

1 Zwiebel	fein hacken und in
heißer Butter	andünsten.
⅛ l Fleischbrühe	erhitzen, zu der Zwiebel zugeben, aufkochen.
600 g Spinat (tiefgekühlt)	dazugeben und auftauen lassen.
⅛ l Sahne	
2 EL Mehl	
4 Eigelb	
50 g geriebenen Parmesankäse	verquirlen, anschließend zum Spinat rühren. Mit
Salz	
Pfeffer	
Muskat	kräftig würzen. Zum Schluss steif geschlagenes
Eiweiß	unter die Masse heben. In eine gebutterte, feuerfeste Form geben, mit
Bröseln	
2 EL Parmesankäse	bestreuen. Mit
Butterflocken (30 g Butter)	belegen und im vorgeheizten Backofen bei 200 °C ca. 30 Minuten backen.

Zufall: Das Kasino liegt direkt gegenüber der Davidwache.

Himmel, Erde und Hölle

1 kg Äpfel	schälen, Kerngehäuse entfernen und vierteln. Mit
20 g Zucker	bei milder Hitze dünsten.
1 kg Kartoffeln	schälen und in Salzwasser garen. Mit
20 g Salz	
1 l Milch	
1 Eigelb	
50 g Butter	zu Kartoffelbrei stampfen. Mit
20 g Muskatnuss	(gerieben) abschmecken.
1 EL Öl	in eine Pfanne geben.
500 g Blutwurst	in Scheiben schneiden und von beiden Seiten braten.
150 g Zwiebeln	in Scheiben schneiden.
Etwas Öl	in eine Pfanne geben und die Zwiebelringe goldgelb braten. Auflaufform fetten, Apfelkompott, Kartoffelbrei und Blutwurstscheiben hineinschichten und mit den Zwiebeln bedecken. Im vorgeheizten Ofen bei 200 °C ca. 20 Minuten backen.

Im City Sporthafen tummeln sich in den Sommermonaten die Boote aus aller Welt.

Auberginen gefüllt mit Reis und Schafskäse

200 g Reismischung	in gesalzenem Wasser garen und anschließend in einem Sieb gut abtropfen lassen.
2 große Auberginen	waschen und der Länge nach halbieren. Mit einem Löffel die Hälften aushöhlen, dabei einen 1 cm breiten Rand stehen lassen. Auberginenhälften und das Innere mit
Salz	bestreuen.
200 g Schafskäse (in Salzlake)	würfeln.
1 Bund Schnittlauch	waschen und in feine Röllchen schneiden.
½ Bund Thymian	waschen, Blättchen von den Stielen streifen.
½ Bund Oregano	waschen, Blättchen von den Stielen zupfen und hacken.
3 Eier	mit
3 EL Olivenöl	
6 EL Wasser	
1 Prise Salz	
1 Prise Pfeffer	
1 Prise Cayennepfeffer	verrühren. Reismischung mit Schafskäse und Kräutern vermengen. Auberginen trocken tupfen und die Füllung hineingeben.
1 Zwiebel	pellen und würfeln.
3 EL Olivenöl	erhitzen und die Zwiebelwürfel darin anbraten. Das Innere der Auberginen abtupfen, fein hacken und zu der Zwiebel geben. Mit anbraten und
400 g Tomaten	(püriert) zufügen. Tomatensauce mit
Salz	
Pfeffer	würzen und in eine feuerfeste Form gießen. Darauf die Auberginen geben. Im vorgeheizten Backofen bei 200 °C ca. 45 Minuten garen.

Auch das Griffelkunst Schulmuseum ist – neben einigen anderen Museen – in St. Pauli zu finden.

Auberginen-Gratin

2 Zwiebeln	
2 Fleischtomaten	würfeln.
4 Knoblauchzehen	zerdrücken.
2 Auberginen	in ca. ½ cm dicke Scheiben schneiden. Mit
Salz	bestreuen, ruhen lassen, trocken tupfen und in einer beschichteten Pfanne nacheinander mit
2 TL Olivenöl	von beiden Seiten ca. 2 Minuten anbraten.
1 TL Olivenöl	in einer Pfanne erhitzen.
420 g Tatar	mit den Zwiebelwürfeln und dem Knoblauch zufügen. Ca. 5 Minuten anbraten.
200 g gestückelte Tomaten (Konserve)	mit den Tomatenwürfeln zugeben.
1 TL Thymian	
1 TL Rosmarin	unterrühren und mit
Salz	
Pfeffer	abschmecken.
4 TL Pflanzenmargarine	zerlassen.
4 TL Mehl	darüberstäuben.
500 ml Milch	unter Rühren zugeben, aufkochen lassen und mit
Salz	
Pfeffer	
1 Prise geriebene Muskatnuss	abschmecken. Auberginenscheiben mit Tatarmasse und heller Sauce abwechselnd in eine Auflaufform schichten und im vorgeheizten Backofen bei 200 °C ca. 20 Minuten überbacken.

Eine Stammkneipe für die St. Paulianer ist immer gut.

Broccoli-Blumenkohl-Auflauf

600 g Blumenkohl	
600 g Broccoli	in Röschen teilen und in kochendem Salzwasser ca. 10 Minuten bissfest garen.
4 TL Pflanzenmargarine	zerlassen.
2 EL Mehl	darüberstäuben.
500 ml Milch	unter Rühren angießen und aufkochen lassen.
2 EL geriebenen Käse	
2 EL gehackte Petersilie	unterrühren. Mit
Salz	
Pfeffer	
Currypulver	abschmecken. Blumenkohl und Broccoli in eine Auflaufform geben, mit der Sauce übergießen. Mit
2 EL Pinienkernen	
4 EL geriebenem Käse	bestreuen und im vorgeheizten Backofen bei 200 °C ca. 20 Minuten überbacken.

Die Bar im Rumpf der Mir ist noch leer – aber sicher nicht mehr lange.

Kartoffel-Spinat-Gratin

400 g tiefgekühlten Blattspinat	auftauen lassen, leicht ausdrücken, mit
Salz	
Pfeffer	
Muskat	würzen.
1 kg festkochende Kartoffeln	waschen, schälen, abspülen und in feine Scheiben schneiden. Kartoffelscheiben dachziegelartig in eine flache Auflaufform schichten, dazwischen den Spinat verteilen.
125 ml fettarme Milch	
125 ml Gemüsebrühe	in einem kleinen Topf verrühren und erhitzen. Mit
Salz	
Pfeffer	
Muskat	über die Kartoffelscheiben und den Spinat gießen. Die Form auf dem Rost in den Backofen geben und bei mittlerer Hitze ca. 50 Minuten garen. In der Zwischenzeit
1 Bund Schnittlauch	abspülen, trocken tupfen und in feine Röllchen schneiden.
125 g Mozzarella	abtropfen lassen und in kleine Würfel schneiden. Schnittlauchröllchen mit den Käsewürfeln mischen und nach der Hälfte der Garzeit auf das Gratin verteilen. Das Gratin fertig garen.

Der Fernsehturm steht im Norden St. Paulis, ist aber fast in der ganzen Stadt zu sehen.

Nudelauflauf mit Eiern und Pilzen

	In einem großen Topf
Wasser	mit
1 EL Öl	aufkochen.
1 Zwiebel	enthäuten, in Scheiben schneiden.
350 g Hörnchennudeln	mit den Zwiebelscheiben in das kochende Wasser geben und 8 – 10 Minuten al dente kochen. Abgießen, unter warmem Wasser abspülen und abtropfen lassen.
45 g Butter	in einer Pfanne schmelzen.
2 EL Mehl	zugeben und 1 – 2 Minuten rühren, bis die Mischung aufkocht.
1 Prise Cayennepfeffer	
1 EL geriebenen würzigen Käse	unterrühren. Weitere 1 – 2 Minuten kochen, bis der Käse schmilzt.
125 g kleine Pilze	in Scheiben schneiden und in ca.
60 g zerlassener Butter	weich dünsten. Zusammen mit den Hörnchennudeln unter die Sauce mischen. Die Hälfte der Nudeln in eine eingefettete flache Auflaufform geben.
45 g Semmelbrösel (frisch)	zugeben.
4 Eier	(hart gekocht) der Länge nach halbieren und mit der Schnittseite nach unten auf die Nudeln legen. Darüber die restlichen Nudeln verteilen.

Im Winter wird aus dem Spielbudenplatz ein großer Weihnachtsmarkt.

Bienvenido, liebe Freunde!

Das Restaurant El Tequito ist seit 1991 am St. Pauli Fischmarkt ansässig. Highlights aus mexikanischer, US-amerikanischer und creolischer Küche sind seitdem die Magnete, mit denen viele Gäste auch zu Stammgästen wurden. Reza Balkhi, Jahrgang 1970, hat hier ein paar seiner Rezepte zusammengestellt. Kochen Sie sie nach – oder gehen Sie zum Essen ins El Tequito.

Beef- oder Chicken-Fajitas

800 g Rindersteakhüfte oder Hähnchenbrustfilet in Streifen	mit
60 g Fajitas Gewürz	3 Stunden marinieren. Danach das Fleisch sehr heiß und kurz braten. Separat
700 g Gemüsemix aus Zuckerschoten	
gemischtem Paprika	
Zwiebeln	in
Olivenöl	knackig anbraten.
12 Weizentortillas (18 cm)	in der Mikowelle oder in Alufolie im Backofen erwärmen. Als Beilagen nach Belieben:
Tomatenwürfel	
geriebenen Pizzakäse	
Avocadocreme	

Die Volksschule von 1888: damals gingen Jungen und Mädchen noch durch getrennte Eingänge ins Gebäude.

Jalapenos	
Sourcreme	
Bohnenmus	
Koriander	
Lauchzwiebeln	
Eisbergsalat in Streifen geschnitten	waschen, klein schneiden und in Schüsseln aufteilen, so dass sich jeder die Fajitas nach Wunsch selbst füllen kann.

Shrimps »Chimichanga«

300 g Shrimps (ohne Schale)	mit
El Tequito Blackened Gewürz	kurz in Olivenöl anbraten, mit
Salz	
Pfeffer	würzen. Die Shrimps dann mit
70 g Tomatenwürfel	
100 g gekochten schwarzen Bohnen	
10 g Jalapenos Chilies	
200 g Pizzakäse (gehobelt)	
1 TL frisch gehacktem Koriander	mischen und abschmecken.
4 große Weizentortillas (23 cm)	halbieren.
3 EL Mehl	mit etwas Wasser dicklich anrühren, um die Ränder zu verkleben. Von der Shrimpsfüllung so viel in die Mitte einer halbierten Tortilla geben, dass man sie noch gut verschließen kann. Die Tortillas mit viel heißem
Olivenöl	knusprig ausbacken.

Tipp: Mit Salat, Sourcreme und Salsa servieren.

Dies ist der Schuleingang für die »Knaben«.

Chocolate Bread Pudding

100 ml Milch	mit
100 ml Sahne	
20 g Zucker	
¼ Vanillestange	aufkochen. Nach kurzer Abkühlzeit
3 Eigelbe	einrühren.
1 EL braunen Rum	zugeben.
150 g trockene Brotwürfel	
70 g Halbbitterschokolade (gehackt)	in 4 feuerfeste Timbalförmchen geben. Die Milch-Sahnemischung auffüllen und im Wasserbad bei 160 °C ca. 40 Minuten stocken lassen.

Tipp: Den noch warmen Pudding mit Vanillesauce, Eiscreme und Früchten der Saison servieren.

Einer der Treffpunkte für das älteste Gewerbe der Welt.

Der nun folgende Cocktail wurde 1936 von Daniel Negrete, einem Hotelmanager in Kalifornien, für seine Freundin Margarita erfunden. Richtig populär wurde die Margarita aber erst in den siebziger Jahren im Zuge des Tequila-Booms in den USA.

Cocktail »Margarita«

Den Rand eines Cocktailglases befeuchten und in	
Salz	tauchen, so dass ein feiner Rand mit Salz am Glas haften bleibt.
1,5 cl Curacao Triple sec	
1,5 cl Limettensaft	
5 cl Tequila mit viel	
Eis	im Shaker schütteln und in das vorbereitete Glas seihen.

Der »alte Seebär« hat den Künstlereingang des Operettenhauses immer im Blick.

Für den richtigen Biss

Die Zubereitung von Fleisch ist eine Kunst für sich. Anhand der Beispiele Rindfleisch und Schweinefleisch als die in unseren Breitengraden am häufigsten zubereiteten Fleischarten sind hier ein paar Tipps beachtenswert.

Rindfleisch

Das Rind zählt zu den ältesten Haustieren des Menschen und ist einer seiner wichtigsten Fleischlieferanten. In Europa werden dafür Rinder gezüchtet, die sowohl gute Milch- als auch gute Fleischlieferanten sind. Die Qualität des Fleisches wird nicht nur vom Alter, sondern auch vom Geschlecht des Tieres beeinflusst.

Man unterscheidet die Kuh, den Jungbullen oder Bullen und den Ochsen. Alle drei Tierarten liefern unterschiedliches Fleisch. So ist es beim Bullen mager, und je älter das Tier ist, desto faseriger ist das Fleisch. Ochsenfleisch hingegen weist weiße Fettfasern auf, Mastochsenfleisch größere Fettadern und einen Fettrand. Je besser »marmoriert« das Rindfleisch ist, desto saftiger bleibt es beim Braten oder Grillen. Völlig fettfreie Stücke trocknen leicht aus.

Rindfleisch muss vor seiner Verarbeitung abgehangen sein, Kochfleisch drei bis fünf Tage, Bratenfleisch fünf bis acht Tage. Alle Fleischstücke, die in Scheiben geschnitten werden, wie Filet und Roastbeef, sogar noch länger. Wird diese Zeit nicht eingehalten, bleibt das Fleisch zäh und kann auch durch längere Kochzeiten kaum gerettet werden.

Schweinefleisch

Schweinefleisch zählt bei uns zu den beliebtesten Fleischarten. Schweinefleisch ist in den ersten Tagen nach dem Schlachten am besten und soll darum nicht lange gelagert werden. Das Fleisch junger Tiere besitzt eine feine Fleischfaser und ist eher rosa, während bei älteren die Fleischfaser gröber und die Tönung röter ist.

Auch das gibt es auf dem St. Pauli-Fischmarkt.

Beim Kauf auch in die Schale sehen, in der das Fleisch liegt. Findet sich dort viel Flüssigkeit, handelt es sich um wässeriges, ziemlich geschmackloses Zuchtfleisch, das seinen Preis nicht wert ist.

Zum Braten und Räuchern verwendet man in erster Linie Rücken und Keule oder den Nacken. Teile aus der Keule und das Filet sind zum Grillen geeignet, zum Schmoren eher das Nackenstück. Gulasch bereitet man aus der Schulter, die auch zum Braten geeignet ist. Schulter und Keule liefern zudem das Schnitzel und das Nierenstück, Koteletts und Rollbraten. Schweinebauch kann gekocht oder gepökelt werden. Die Garzeit für einen Schweinebraten von einem Kilo liegt bei etwa zwei Stunden, ein Filet braucht 35 bis 40 Minuten.

Hier wird die Wäsche sicherlich ziemlich bunt.

Gedämpfte Beefsteaks nach Hamburger Art

750 g Kartoffeln	kochen und abpellen.
4 kl. Zwiebeln	in Ringe schneiden
60 g Butter	in der Pfanne erhitzen und die Zwiebeln darin dünsten.
4 Beefsteaks á 200 – 250 g	unter häufigem Wenden anbräunen, mit
Salz	
Pfeffer	bestreuen und
¼ l Wasser (oder Brühe)	dazugießen. Die (möglichst noch warmen) Pellkartoffeln in Scheiben schneiden und über das Fleisch legen. Die Pfanne zudecken und das Ganze unter häufigem Schütteln 10 Minuten dämpfen. Beim Anrichten die Steaks auf die Kartoffeln und Zwiebeln legen.

Ob der Mann hier auf dem Fischmarkt dem kleinen Mädchen wohl seine Kartentricks verrät?

Roastbeef

	Backofen ca. 15 Minuten bei stärkster Hitze vorheizen.
1 kg Roastbeef (Lende)	mit
englischem Senf	
Worcestersauce	einreiben.
Salz	
Pfeffer	dazugeben und das Fleisch in eine flache Bratpfanne oder auf den Rost legen. Ca. 20 Minuten bei starker Hitze in der Mitte des Backofens braten, dann auf mittlere Temperatur herunterschalten. Ab dann: blutig oder rosig gebratenes Fleisch 40 Minuten, mittel gebratenes 50 Minuten und gut durchgebratenes Fleisch 60 Minuten weiter braten lassen.

Tipp: Traditionsgemäß wird Roastbeef mit dem eigenen Bratensaft und Meerrettichsauce serviert. Dazu Zuckerkartoffeln oder ungezuckerte kleine Bratkartoffeln.

Fußball mit dem FC. St. Pauli ist der ganz große Stolz der St. Paulianer.

Beefsteakpastete nach Hamburger Art

750 g Beefsteak	in 8 Scheiben schneiden, diese in einer Pfanne in rauchendheißer
Butter (ca. 30 g)	von beiden Seiten anbräunen.
Salz, Pfeffer	dazugeben.
1 Scheibe Weißbrot	einweichen, mit
250 g Schweinehack	
Salz, Pfeffer	
Worcestersauce	zu einer Farce verkneten.
6 Schalotten	fein hacken.
200 g Champignons	putzen und klein schneiden. Zusammen mit den Schalotten in der Beefsteakpfanne in
Butter	anbräunen. Bratenfond mit
Madeirea	lösen. Boden und Seitenwände einer Pastetenform mit
Butter	bestreichen. Die Pastetenform mit
500 g fertigem Blätterteig	verkleiden.
125 g durchwachsenen Speck	in dünne Scheiben schneiden. Den Teigboden mit der Hälfte der Speckscheiben belegen. Darauf die Hälfte der Farce verstreichen. Die angebratenen Beefsteaks und die Schalotten daraufschichten. Dann wieder Farce, die mit dem Bratenfond begossen wird. Darauf den restlichen Blätterteig. Die Pastete 1 Stunde bei mittlerer Hitze im Backofen backen.
Madeira- oder Champignonsauce	nach Bedarf dazugeben.

Hier kocht der Chef persönlich – oder?

Hamburger Steak

600 g Beefsteakhack	mit
4 Eigelb	
Salz	
Pfeffer	
etwas Worcestersauce	vermischen. 4 runde Steaks daraus formen und in
Butter	von beiden Seiten braten, bis das Äußere kross ist.

Tipp: Auf gebuttertem Toast servieren. Dazu Gurkensauce.

Beefsteaks

4 Zwiebeln	in Ringe schneiden.
4 Beefsteaks	mit den Zwiebelringen in zwei Pfannen in
Butter	(heiß gemacht) braten, das Fleisch 6 – 8 Minuten, die Zwiebeln, bis sie goldgelb sind. Das Fleisch mehrfach wenden.
Salz	
Pfeffer	dazugeben. Die Steaks auf eine vorgewärmte Platte legen, die Zwiebeln darauf verteilen, den Bratensaft mit etwas
Brühe oder Wasser	lösen, aufkochen und über das Fleisch gießen.

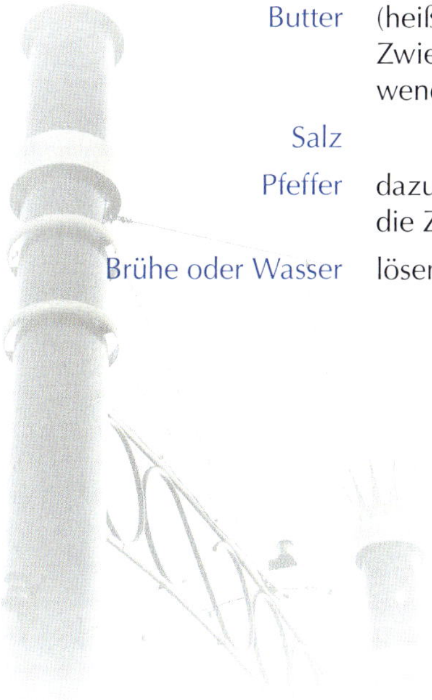

In der Rock 'n' Roll Bar könnte das Feeling vergangener Zeiten wieder aufkommen.

Gekochtes Rindfleisch

1 Bund Suppengemüse	putzen und mit
1 kg Rinderbrust (oder Querrippe)	in kochendem Wasser aufsetzen und ca. 1 ½ Stunden langsam weich kochen lassen.
Salz	dazugeben. Das Rindfleisch kann warm oder kalt gegessen werden.

Tipp: Dazu je nach Geschmack Schneidebohnen, gestobte Kartoffeln, süßsauer Eingemachtes, Meerrettichsahne, Johannisbeermus oder Bohnen mit Äpfeln.

Auch unter der Erde ist St. Pauli immer gut zu erreichen.

Fleisch aus der bauchigen Dose gefällig?

Corned Beef-Dosen haben eine typische, leicht konische Form mit rechteckigem Grundriss und eine spezielle Vorrichtung zum Öffnen. Mit Hilfe eines locker angelöteten, schlüsselförmigen Werkzeugs wird ein schmaler, vorgeprägter Streifen des Dosenmetalls am weiteren Ende durch Aufwickeln herausgelöst. Das war früher so und ist es immer noch.

Corned Beef (englisch für »gepökeltes Rindfleisch«) ist zerkleinertes, gepökeltes, im eigenen Saft gekochtes Rindfleisch, das meist in besagten Dosen angeboten wird. Durch den Kochsaft geliert es zu einem schnittfesten Block. Das Corned Beef, das in der ganzen Welt verzehrt wird, kommt vor allem aus Argentinien und Brasilien.

Das ursprüngliche Corned Beef (oder Pökelfleisch) wurde oftmals bei Schiffsreisen als Proviant an Bord genommen. Ein überliefertes Rezept aus dem 19. Jahrhundert beinhaltet folgende Zutaten: 50 Pfund Rindfleisch, 3 Pfund grobes Salz, 1 Unze Salpeter, ¾ Pfund Zucker, 2 Gallonen Wasser.

Das »deutsche Corned Beef« ist eine Sülze aus Rindfleisch, als Aufschnitt angeboten. Echtes Corned Beef ist Bestandteil der norddeutschen Spezialität Labskaus.

Ein Fossil aus vergangenen Zeiten und immer noch aktuell: der Kaiserkeller.

Frikadellen – Grundrezept

2 Brötchen	in warmem Wasser aufweichen und gut ausdrücken.
400 g Hackfleisch	
1 Ei	
Salz	
Pfeffer	
1 Zwiebel	(klein gehackt)
1 EL Kräuter	(gehackt)
1 TL Senf	mit den Brötchen in einer Rührschüssel mit dem Knethaken vermengen. Dann Frikadellen formen und in einer Bratpfanne von beiden Seiten gut durchbraten.

Tipp: Sollte die Fleischmasse zu fest werden, gibt man noch ein Ei dazu. Ist sie zu locker, kann man sie mit Bröseln festigen. Man kann Frikadellen auch vor dem Braten in Bröseln wenden; dann werden sie knuspriger.

Die Farcemasse kann beliebig variiert werden durch die Beigabe von gehackten Paprikaschoten, Gewürzgurken, Tomatenwürfeln, Sardellenstücken, Käsewürfeln, Kapern, Mixed Pickles, Edelsüßpaprika oder gehackten Kräutern. Auch in den Garnituren bieten sich mannigfache Abwandlungen, zum Beispiel Olivenscheiben, Sardellenringe, geriebener Käse, Kapern mit Zwiebelringen, Senf, Tomatenketchup. Oder die gebratenen Frikadellen mit dünnen Scheiben von Äpfeln, Pfirsichen, Birnen oder Ananas belegen, darüber eine Scheibe Käse geben und im Ofen oder im Grill kurz überbacken.

In der Großen Freiheit hast du die Freiheit, dir Flyer und Karten nach Bedarf mitzunehmen.

Hamburger Rauchfleisch

1 kg Rauchfleisch	in
2 l Wasser	bei mäßiger Hitze 2 – 3 Stunden kochen. Will man es heiß essen, lässt man es noch etwas ziehen.

Tipp: Dazu Grünkohl, Petersilien- oder Zuckerkartoffeln und Meerrettichsauce. Wird es kalt gegessen, legt man es nach dem Kochen kurz in kaltes Wasser.

Hamburger Plockfinken

1 kg gelbe Wurzeln	schälen, grob würfeln und knapp bedeckt mit Wasser oder
Brühe	gar kochen.
2 EL Mehl	
2 EL Butter	in einer Tasse zu einem Kloß kneten und damit die Wurzeln sämig machen. 3 Minuten weiterkochen lassen. Danach mit
etwas Essig	
Salz	
Pfeffer	abschmecken und mit dem in Würfel geschnittenen
Rauchfleisch (500 g)	vermischen.

Tipp: Dazu Hamburger Fettklöße.

Ein Ausblick gen Himmel – vor dem Haupteingang der St. Michaeliskirche.

Sauerbraten nach Hamburger Art

1 kg Querrippe oder Spitzbrust	mindestens 24 Stunden mit
2 Lorbeerblättern	
Pfefferkörnern	in
½ l Wasser	
¼ l Essig	
etwas Salz	einlegen und gelegentlich wenden. Dann das Fleisch in eine Schmorpfanne legen und mit
50 g Butter	(heiß gemacht) übergießen.
3 Wurzeln	
3 Zwiebeln	
1 Scheibe Schwarzbrot (oder 2 Scheiben Honigkuchen)	klein schneiden, zerbröseln und mit
einem Schuss Essig	dem Fleisch in der Schmorpfanne hinzufügen. Ca. ½ – 1 Stunde schmoren. Gelegentlich mit
Wasser oder Brühe	begießen. Den Braten herausnehmen, warm stellen und die Sauce durch ein Sieb rühren. Sie ist durch das Gemüse und das aufgeweichte Brot gebunden. Evtl. etwas einkochen lassen. Nach Geschmack einige
Rosinen	dazugeben.

Tipp: Dazu Fett- oder Kartoffelklöße und Backobstkompott.

St. Pauli ist auch eine große Baustelle mit künftigem prädestiniertem Blick auf die Elbe.

Hamburger Rundstück, warm

750 g Schweinebraten (ohne Knochen)	mit
Salz, Pfeffer	
Paprika	einreiben. In einer großen Pfanne
20 g Fett	erhitzen und alles gut anbraten.
1 Bund Suppengrün	
etwas Knoblauch	würfeln und mit
1 Tomate	(geviertelt) in die Pfanne geben. Alles gut durchschmoren. Mit
Rotwein	ablöschen und den Braten bei milder Hitze ca. 1 Stunde schmoren lassen.
Stärkemehl	in kaltem Wasser anrühren und die Sauce damit binden. Das Fleisch in etwas dickere Scheiben schneiden. Auf jede Hälfte der
4 Rundstücke	eine Scheibe legen und mit Sauce bedecken.

Tipp: Zum Hamburger Rundstück gibt es saure Gurken.

Platz für Werbung ist auf jeder Fläche zu finden.

Eisbein mit Sauerkraut

1 kg gepökeltes Eisbein	waschen und mit
½ l Wasser	ca. 45 Minuten vorkochen.
500 g Sauerkraut (ungewaschen)	mit
Salz	
Pfeffer	
2 Zwiebeln	(gehackt)
1 Apfel	(in Scheiben geschnitten)
3 Wacholderbeeren	
50 g Schmalz	
1 Lorbeerblatt	vermischen und locker um das Eisbein legen. Das Ganze noch einmal 45 Minuten kochen und bei Bedarf mit etwas
Fleischbrühe	übergießen. Eisbein herausnehmen und warm stellen.
125 g Ananas	würfeln und unter das Sauerkraut rühren. Mit
Zucker	abschmecken und ganz zum Schluss mit
1 Glas Sekt (oder Weißwein)	übergießen.

Tipp: Zu Eisbein und Sauerkraut wird natürlich Erbsenpüree serviert. Zum Eisbein scharfen Senf.

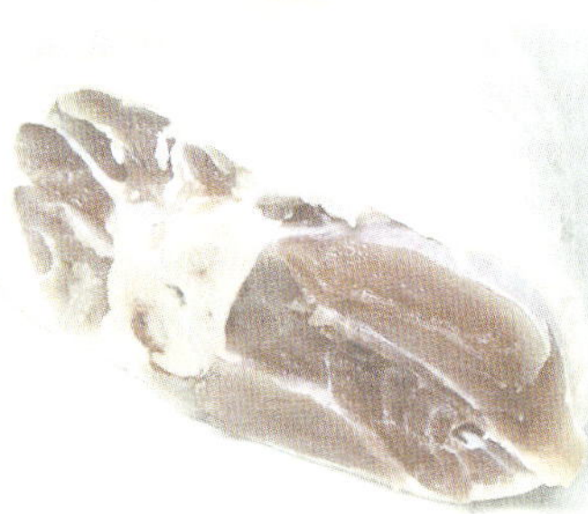

Das Hamburger Schulmuseum befindet sich im Herzen von St.Pauli in einem denkmalgeschützten ehemaligen Realschulgebäude aus 1886.

Von Birnen, Bohnen und Speck

Das ist eines der Gerichte, denen Hamburg seinen Ruf als Stadt mit merkwürdiger Küche zu verdanken hat. Merkwürdig wäre das Gericht in der Tat, wollte man es mit süßen, saftigen Birnen zubereiten. Die kleinen, steinharten Augustbirnen jedoch, die in dieses Gericht gehören, empfindet man kaum als fruchtig. Und so schmeckt das Gericht viel »normaler«, als man denkt.

Selbst der gestrenge Baedeker hält es aber immerhin für notwendig, ein Wort der Einführung in diese Küche in seinen Hamburger Reiseführer einzurücken: »Der Hamburger bevorzugt, wie man weiß, überhaupt die Kochkunst vor den anderen schönen Künsten. Die volkstümliche Hamburger Küche hat eine Vorliebe für süßsaure Gerichte, Mischungen von Fisch und Fleisch oder von Geräuchertem mit Dörrobst, Speisen, die bei Fremden leicht einen gewissen Argwohn wecken, der jedoch meist rasch verfliegt.«

Birnen, Bohnen und Speck

500 g türkische Erbsen (oder grüne Brechbohnen)	abziehen.
250 g durchwachsenen Räucherspeck	in Scheiben schneiden. Die Erbsen und den Speck mit
Bohnenkraut	
Salz, Pfeffer	kochen lassen. Wenn die Erbsen fast weich sind,
500 g Bergamottebirnen (entstielt)	im Ganzen darauflegen und ebenfalls weich kochen.
500 g neue Kartoffeln	kochen, pellen und auf den Rand einer vorgewärmten, flachen Schüssel legen. In die Mitte zuerst Bohnen füllen und darauf abwechselnd Birnen und Speck. Alles wird reichlich mit
Petersilie	(fein gehackt) überstreut.

Neben dieser Skulptur sind im Hamburger Schulmuseum in der Seilerstraße Schulbücher, -kleidung, Wandbilder und vieles mehr zu betrachten.

Schweinebauch mit Steckrüben

1 kg Kartoffeln	
1 kg Steckrüben	schälen, grob würfeln und mit
750 g Schweinebauch	in einen Schmortopf legen. Mit
2 TL Thymian	vermischen.
Salz	
Pfeffer	dazugeben. Den Schmortopf bis zur Hälfte mit Wasser füllen, schließen und bei schwacher bis mittlerer Hitze ca. 2 Stunden dünsten lassen. Nach dem Auffüllen noch einmal mit
Pfeffer (frisch gemahlen)	bestreuen.

Tipp: Je nach Geschmack zum Schweinebauch scharfen Senf.

Snuten un Poten

4 gepökelte Schweinsfüße	
750 g Schweinskopf	mit kaltem Wasser bedecken, zum Kochen bringen, abgießen, abspülen, mit frischem Wasser bedecken und noch einmal aufkochen. Bei schwacher Hitze etwa 3 Stunden weiterkochen lassen. Zu diesem Zeitpunkt hat das Fleisch noch Biss. Lässt man es 30 Minuten länger kochen, wird es ganz weich.
1 kg Sauerkraut	30 Minuten vor Ende der Garzeit zugeben und zwischen den Snuten un Poten mitgaren.

Tipp: Zu diesem Gericht werden Salzkartoffeln und Erbsenpüree serviert. Das Erbsenpüree wird mit Zwiebelwürfeln und geröstetem Speck bestreut.

Neben der Prostitution ist in der Davidstraße auch der Blumenverkauf Erfolg versprechend.

Gefüllte Schweinsbrust

2 Brötchen	in Milch einweichen, ausdrücken, zerpflücken, in
Butter	kurz anbraten und mit
1 Bund Petersilie	(zerhackt)
1 TL getrocknetem Majoran	
Kardamom	
Salz	
Pfeffer	abschmecken und vom Herd nehmen.
1 Ei	
150 g Rosinen	dazugeben und gut verkneten.
1 kg Schweinebrust (vom Schlachter in das Fleisch eine Tasche schneiden und die Schwarte einkerben lassen)	mit der Farce füllen und zunähen. Backofen bei starker Hitze vorheizen, den Braten in eine Schmorpfanne legen, mit heißem Wasser begießen und so lange bei scharfer Hitze braten, bis das Fleisch braun ist.
¼ l Brühe	darübergießen und bei mittlerer Hitze ca. 1 ½ Stunden unter gelegentlichem Begießen schmoren lassen. Sauce mit
⅛ l saurem Rahm	binden.

Tipp: Dazu gibt es Rotkohl.

Ein wahres Wort an der St. Pauli Hafenstraße.

Irish Stew

8 kl. oder 4 gr. Hammelkoteletts	auf beiden Seiten mit
Worcestersauce	einreiben und in
½ EL Butter	(heiß gemacht) in einer Pfanne unter mehrfachem Wenden leicht anbräunen und beiseitestellen. Nach dem ersten Wenden salzen.
1 Wirsingkohl (ca. 1 ½ kg)	vierteln, den Strunk entfernen und in kochendem Salzwasser eben weich kochen.
6 große Kartoffeln	
3 Zwiebeln	schälen und in Scheiben schneiden. Auf dem Boden einer feuerfesten Deckelform
ca. 1 EL Butter	verstreichen, dann die Hälfte des Kohls, der Kartoffeln, Zwiebeln und Hammelkoteletts einschichten.
1 EL Butter	und die zweite Hälfte der Zutaten daraufgeben. Den Bratensatz der Hammelkoteletts ablösen und in die Form gießen. Deckel schließen und den Topf ca. 1 Stunde im Backofen schmoren lassen. Im Topf servieren.

Der Fahrradanhänger parkt in der Simon-von-Utrecht-Straße eindeutig in falscher Richtung.

Hammelfleisch mit grünen Bohnen

500 g grüne Speckbohnen	waschen und brechen.
500 g Kartoffeln	schälen und würfeln.
750 g Hammelhals	in grobe Stücke schneiden und in siedendem Salzwasser mit
2 Lorbeerblättern	
2 Zwiebeln	(geviertelt)
2 Knoblauchzehen	bei schwacher Hitze ca. 20 Minuten kochen. Dann die Bohnen und die Kartoffeln dazugeben und 30 Minuten sieden lassen. Zum Schluss mit
Salz	
Pfeffer	(frisch gemahlen)
Bohnenkraut	(fein gehackt, frisch oder getrocknet) würzen.

Eine traditionelle Musikkneipe am Hamburger Berg.

Am Anfang war Paulus

Religiöser Ursprung der sündigen Meile

Wenn man mit Fremden über St. Pauli spricht und diese dem Stadtteil eine Kirche zuordnen, wird man häufig die St. Michaelis-Kirche, den »Michel« genannt bekommen. Leider falsch! Wenngleich sie schon fast im Verborgenen liegt – es gibt sie, die wirkliche St. Pauli-Kirche.

Hinter hundertjährigen Linden, oberhalb vom Hafen, steht das Kirchenschiff inmitten des Kirchgartens. Ein schönes Stück »anderes St. Pauli« abseits von Rotlicht und Blaulicht. Am Hein-Köllisch-Platz, südlich der Reeperbahn gelegen, findet man den beeindruckenden Sakralbau aus dem Klassizismus, eine Saalkirche aus Backstein mit rechteckigem Grundriss mit Gemeinderaum, einem Altarraum mit seitlich angrenzenden Nebenräumen sowie einer Vorhalle.

Der Heilige Paulus gab der Kirche den Namen. Und die St. Pauli-Kirche hat dem Stadtteil seinen Namen gegeben. St. Pauli steht seit 1833 für Hamburgs wohl bekanntesten Stadtteil. Ob Hafenstraße, Reeperbahn, Schanze oder Karoviertel – das Gemeindegebiet zwischen Nobistor und Millerntor ist vielfältig. 25.000 Menschen leben in St. Pauli: Familien, die seit Generationen im Viertel verwurzelt

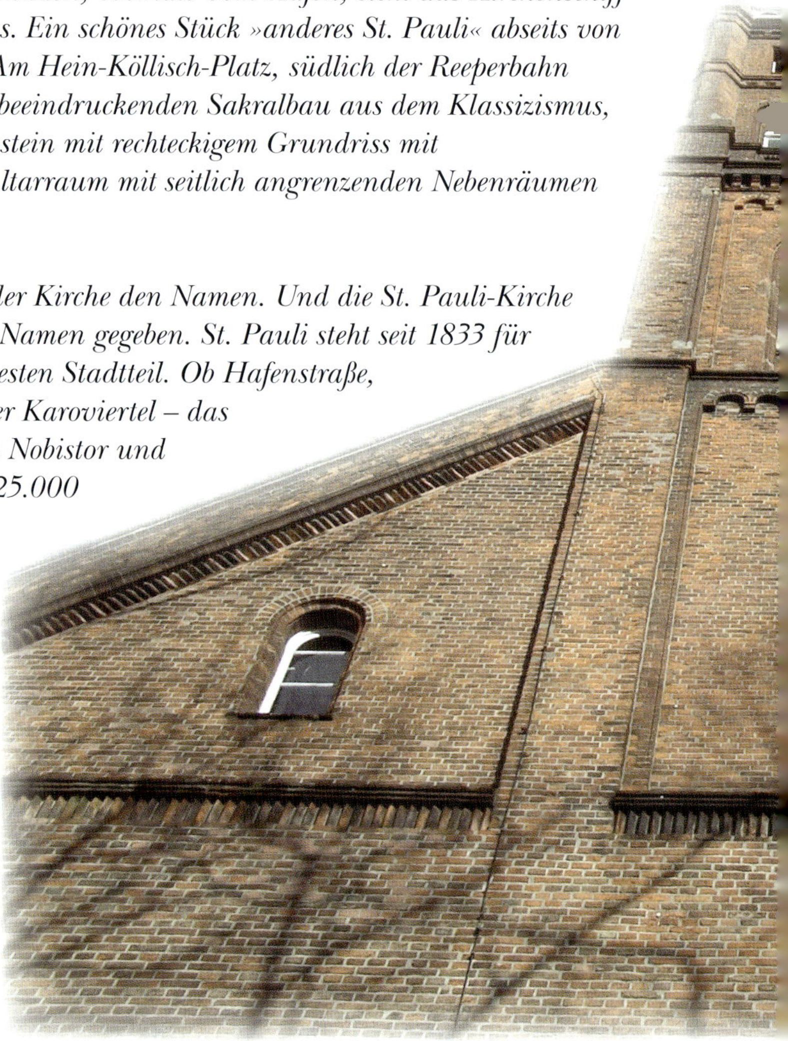

Fast ein wenig versteckt findet sich die St. Pauli-Kirche zwischen den Backsteingebäuden.

sind und Wahl-St. Paulianer, Alte und Junge, Menschen unterschiedlichster Kulturen, Religionen und Lebensstile.

Altes bleibt erhalten

Der Innenraum der St. Pauli-Kirche erinnert stark an einen griechischen Tempel. Während die Decke mit ihren Kehlungen und Spiegeln charakteristisch für den Klassizismus ist, weist der Kanzelaltar eine ältere Tradition auf.

Die von dünnen, schmiedeeisernen Pfeilern getragene Empore umzieht den Raum im Oval auf der Westseite, die Orgelempore weist das Oval in die Gegenseite auf, so dass eine barocke Dynamik entsteht. Der Innenraum der Kirche wurde 1980 unter Aufsicht des Denkmalschutzamtes saniert und erhielt seine ursprüngliche farbige Fassung wieder – ein Marmorimitat in Ocker sowie eine hellblaue Decke.

Aus der Fachwerkkapelle konnten der Taufstein von 1693, 4 Gotteskästen (der älteste von 1695) das Kruzifix um 1690, das Christian Precht zugeschrieben wird und eine Paulusfigur gerettet werden. 1995 erwarb die Kirchengemeinde nach der Ausstellung ›Überkreuz‹ die Metallkästchen ›Fußwaschung‹ von Katrin Regelski an den Eisensäulen (mittelalterliche Illustrationen nach dem Bibeltext Joh. 13, 1–7) und die vier Schriftzüge ‚Himmelsrichtung‘ von Uwe Ochsler an den Außenmauern, die auf die Auflösung fester Richtungen und die Richtungslosigkeit gerade in einem sozialen Brennpunkt wie St. Pauli hinweisen sollen.

Hinter den Linden ragt der Turm der St. Pauli-Kirche hervor.

Lammkeule

Backofen ca. 15 Minuten mit starker Hitze vorheizen.

2 EL Salz	
1 TL fein gemahlenen schwarzen Pfeffer	
1 EL gehackten frischen Rosmarin	
(oder 1 TL getrockneten und gestoßenen Rosmarin)	mit
50 g Butter	(geschmolzen) vermischen und damit
1 junge Lammkeule	gleichmäßig von allen Seiten bepinseln. Die Keule mit der Fettseite nach oben in eine flache Bratpfanne oder auf den Rost legen und 20 Minuten bei starker Hitze in der Mitte des Ofens braten. Die Temperatur zurückschalten und das Fleisch 40 – 60 Minuten weiterbraten.

Tipp: Dazu kleine Bratkartoffeln, geschmorte, ganze Tomaten und Cumberland- oder Mintsauce.

Des Nachts will die Besatzung der Louisiana Star auf die nötige »Erleuchtung« nicht verzichten.

Rehrücken

1 ½ kg Rehrücken	(gehäutet) 24 Stunden mit
3 Lorbeerblättern	
Pfefferkörnern	
5 Wacholderbeeren	
5 Nelken	
Schale einer Zitrone	
Salz	in
1 l Milch	einlegen. Dann gut abtropfen lassen, in
200 g Speck	(in dünnen Scheiben) einwickeln und im vorgeheizten Backofen in der Bratpfanne bei starker Hitze 30 – 40 Minuten braten. Häufig abwechselnd mit
Rotwein (¼ l)	und
Milchmarinade	begießen. Rücken herausnehmen und warm stellen. Die Sauce mit steif geschlagenem
Schlagrahm oder Sauerrahm (¼ l)	binden und mit
Salz und Pfeffer	abschmecken.

Tipp: Dazu Kronsbeer- oder Johannisbeermus, geschmorte Äpfel oder Rotkohl, Salz- oder kleine Bratkartoffeln.

Sex sells – das weiß man auf der Reeperbahn.

Puter mit Mandelfülle

100 g Butter	für die Farce anwärmen, schaumig rühren und mit
4 Eigelb	
100 g Paniermehl	
200 g abgezogenen, gemahlenen, süßen Mandeln	
50 g Korinthen	
Schale einer Zitrone	(gerieben)
2 EL Schlagrahm	
1 Msp. Salz	
Muskatnuss	(gerieben) vermischen. Zum Schluss wird das steif geschlagene
Eiweiß	daruntergezogen.
1 Puter	waschen, abtrocknen, innen und außen mit
Salz	einreiben. Den Kropf mit der Farce füllen, zunähen und den Puter mit
durchwachsenem Speck	umwickeln. Je nach Alter und Größe des Tieres 1 ½ – 2 ½ Stunden im Backofen braten und häufig begießen. Sauce mit
Sauerrahm	binden und abschmecken.

Tipp: Dazu Salzkartoffeln, Apfelmus und Kronsbeeren. Für 4 – 6 Personen, je nach Putergröße.

Ein Anker ohne Schiff,
das ist wie ein Deckel ohne Topf.

Orgeln macht hungrig

Trotz der facettenreichen Geräuschkulisse auf dem Hamburger Fischmarkt, dringen Laute ans Ohr, die sich abheben von den Stimmen der Marktschreier »...keine zehn, keine acht, nur fünf Euro und nicht mehr...«, der Touristen, die sich amüsieren über das bunte Treiben, der übrig gebliebenen Nachtschwärmer, die am Sonntagmorgen nach Rollmöpsen Ausschau halten und der Hausfrauen und -männer, die ihren Einkauf für den Mittagstisch erledigen. Mittendrin in dem Getümmel dreht Kajo Santüns die Kurbel an seinem Leierkasten, und die Orgelpfeifen tragen ihre Melodien in die Menschenmenge.

Der 66-Jährige mit weißem Bart, Elbseglermütze und Finkenwerder Fischerhemd ist mit seiner Drehorgel nicht wegzudenken vom Fischmarkt. Das sehen die Besucher des Marktes so, und damit füllt sich auch immer wieder der kleine runde Behälter oben auf dem Leierkasten mit Münzen als Wertschätzung der musikalischen Unterhaltung.

»Schon als Schüler habe ich davon geträumt, mal eine eigene Drehorgel zu besitzen« erläutert Santüns diesen lang gehegten Wunsch. Dabei ist Kajo eigentlich studierter Pädagoge, der seinen Schülern auch heute noch Deutsch, Englisch oder Mathe als Privatlehrer einpaukt. Doch an den Wochenenden sind die Landungsbrücken sein Revier. Da wird musiziert. »Wenn ich dann nach Hause komme, freue ich immer auf ein gutes Essen«, so Santüns. Wenn nicht der Leierkastenmann selbst kocht, wartet auch schon mal das Lieblingsessen auf den Musikanten, zubereitet von seiner Frau Annette. Da lassen es sich die beiden passionierten Hobbyköche so richtig gut schmecken. Sie haben uns auch verraten, was Kajo besonders gern isst. Probieren Sie es gern selbst einmal aus.

Gibt's da vielleicht etwas zu essen?

Kajo Santüns' Lieblingsessen

Zitronen-Hühnersuppe
Huhn in Tomatensauce
Geflügelsülze
Tomaten-Mozzarella-Salat

1 großes Öko-Suppenhuhn kochen, bis es gar ist. Pelle abziehen (die kriegt immer unser Hund). Beine, Brust (4 Teile), Kleinkram für die Sülze.
Von der Brühe:
1/3 für die Suppe
1/3 für die Tomatensauce
1/3 für die Sülze

Zitronen-Hühnersuppe – griechisch

1 Tasse Naturreis	in der Brühe kochen.
1 Eigelb	vom Eiweiß trennen.
1 Eiweiß	steif schlagen. Eigelb unterheben.
Saft einer Zitrone	dazugeben. Nach und nach von der heißen Brühe etwas unterrühren. Dann langsam in die Suppe geben, aber nicht mehr kochen.
Salz	
Pfeffer	
Petersilie	(klein gehackt) zugeben.

Tipp: Dazu Brot reichen.

St. Pauli kann sooo herzlich sein.

Huhn in Tomatensauce – provencalische Art

3 EL Olivenöl	mit
1 Knoblauchzehe	(klein gehackt) in einem Topf erhitzen. Brühe hinzugeben.
2 EL Tomatenmark	
4 getrocknete Tomaten	(klein geschnitten)
Kräuter der Provence	
Salz	
Pfeffer	einrühren und aufkochen. Hühnerteile hineingeben und kochen lassen, bis die Sauce dickflüssig und das Hühnerfleisch gut durchgezogen ist.

Tipp: Dazu am besten Reis oder Rosmarinkartoffeln, Salat und/oder einen süßlichen Gemüsemix.

Der Beatles-Platz – lange wurde über ihn diskutiert. Nun kommt er.

Geflügelsülze à la Annette

	Brühe für die Sülze in eine Kasserolle geben.
½ Bund Suppengrün	putzen, zerkleinern, kurz aufkochen (noch bissfest lassen).
2 Tüten gemahlene Gelatine	einweichen. Wenn sie gequollen ist, in die heiße Brühe rühren.
Essig	
Salz	(sehr viel, es muss richtig salzig und sauer sein)
Pfeffer	(frisch gemahlen)
2 Lorbeerblätter	
2 Wacholderbeeren	
Petersilie	(klein gehackt) hinzugeben. Das abgepulte Hühnerklein dazutun. Dann in eine Form oder in kleine Portionsschälchen füllen, erkalten lassen. Dann zugedeckt ab in den Kühlschrank. Kann auch in Schraubgläser gefüllt werden.

Tipp: Dazu Bratkartoffeln oder Kartoffelsalat reichen. Eventuell Remoulade dazu.

Das Rezept kann auch abgewandelt werden mit Rindfleisch, Fisch (auch Räucherfisch) oder Krabben.

Der Hamburger Dom präsentiert dreimal im Jahr für einen Monat ein buntes Jahrmarkttreiben.

Tomaten-Mozzarella-Salat – italienisch

250 g Mozzarella	abtropfen lassen, dann in Scheiben schneiden.
3 Tomaten (mittlere Größe)	achteln, den Ansatz herausschneiden und die Kerne entfernen. Auf einem großen Teller abwechselnd Mozzarella und Tomaten garnieren. Auf jede zweite Mozzarellascheibe je
1 Blatt (oder ½ Blatt)	Basilikum legen.
1 Lauchzwiebel (oder Schalotte)	in kleine Röllchen schneiden und über Mozzarella und Tomaten verteilen.
Salz	
Pfeffer (schwarz, gemahlen)	
Petersilie	(klein gehackt) darübergeben. Das Ganze mit
Olivenöl	
Saft einer halben Zitrone	beträufeln.

Tipp: Dazu Olivenciabatta und Rotwein.

Vom Hans-Albers-Platz aus blickt man auf die Häuserzeile, die neben der Musik des singenden Volksschauspielers weitere Musikclubs aneinanderreiht.

Bandnudeln mit italienischem Bohnengemüse

500 g Bohnen	waschen, die Enden abschneiden, eventuell abfädeln, abtropfen lassen und in Stücke schneiden. In ein wenig kochendem
Salzwasser	10 – 15 Minuten garen. Anschließend auf einem Sieb abtropfen lassen.
Wasser	in einem großen Topf mit geschlossenem Deckel zum Kochen bringen.
4 TL Jodsalz	
400 g Bandnudeln	zugeben. Die Bandnudeln im geöffneten Topf bei mittlerer Hitze nach Packungsanleitung kochen, dabei mehrmals umrühren. Anschließend die Bandnudeln auf ein Sieb geben, mit heißem Wasser abspülen und abtropfen lassen.
75 g getrocknete Tomaten	in Streifen schneiden.
3 Knoblauchzehen	abziehen und in Scheiben schneiden.
1 EL Olivenöl	in einer großen Pfanne erhitzen. Tomatenstreifen und Knoblauchscheiben darin andünsten.
100 ml Gemüsebrühe	hinzugießen. Nudeln und Bohnen hinzufügen und nochmals kurz erhitzen. Mit
Salz, Pfeffer	abschmecken.
1 Bund Basilikum	abspülen und trocken tupfen. Die Blättchen von den Stängeln zupfen, in Streifen schneiden und unterheben. Nudeln mit Bohnengemüse auf Tellern anrichten und sofort servieren.

Die Niedergänge zu den Landungsbrücken sind beweglich, da sie Ebbe und Flut ausgleichen müssen.

Scharfer Nudelauflauf

400 g Rohr- oder Pennenudeln	in
1 ½ l Salzwasser	al dente kochen. Nudeln auf ein Sieb geben, mit kaltem Wasser übergießen und abtropfen lassen.
2 Fleischtomaten	kurze Zeit in kochendes Wasser legen (nicht weiter kochen lassen). In kaltem Wasser abschrecken, enthäuten, Stängelansätze herausschneiden und Tomaten würfeln.
1 Gemüsezwiebel	abziehen, halbieren und in Scheiben schneiden.
1 rote Peperoni	
1 grüne Peperoni	längs halbieren, entkernen, die weißen Scheidewände entfernen und Peperoni in sehr feine Streifen schneiden.
1 Bund Basilikum	abspülen, trocken tupfen, die Blättchen von den Stängeln zupfen und in Streifen schneiden (einige Blätter zum Garnieren beiseitestellen.
20 g Butter	zerlassen. Zwiebel- und Peperonistreifen darin andünsten. Mit
1 Prise Salz	
1 Prise Pfeffer	
etwas Tabasco	würzen.
150 g saure Sahne	
200 g Schlagsahne	
2 Eier	verrühren. Mit
Salz	
Pfeffer	
Muskat	(gerieben) würzen. Nudeln, Tomaten, Zwiebeln, Peperoni und Basilikum vermischen, in eine gebutterte, flache Auflaufform geben, mit der Eiersahne übergießen, mit
60 g Parmesan	(gerieben)
30 g Butterflocken	bestreuen. Form auf dem Rost in den Backofen schieben. Bei mittlerer Hitze im vorgeheizten Backofen ca. 25 Minuten backen. Vor dem Servieren mit Basilikumblättern garnieren.

Dieses Unternehmen ist zuständig für Sicherheit in bestimmten Lebenslagen.

Panierter Spargel auf Tagliatelle mit Gorgonzolasauce

20 Stangen Spargel	putzen und wie Schnitzel in
Ei (2 Stück)	und
Semmelbrösel	panieren. Nicht vorkochen. Eventuell zweimal panieren, bis die Stangen eine knusprige Hülle bekommen. Danach in der Pfanne in
etwas Öl	ausbacken und warm stellen.
500 g Tagliatelle	bissfest garen.
400 g Gorgonzola	vorsichtig in der Pfanne schmelzen.
3 Becher süße Sahne	aufgießen. Der Käse darf nicht zu heiß werden, nicht gerinnen. Mit
Salz	
Pfeffer	
Oregano	
Thymian	abschmecken. Die Nudeln auf flachen Tellern ausbreiten, Spargel darauf verteilen, die Sauce darübergeben und servieren.

Tipp: Wenn es etwas sämiger werden soll, kann man die Sauce auch mit etwas Milch, aufgelöster Speisestärke oder Mehl eindicken. Dann zum Abbinden vorsichtig aufkochen lassen.

Viele kleine Eckkneipen gehören zum Stadtbild von St. Pauli.

Pasta mit Muscheln und Fenchel

2 große Fenchel	putzen und in Stücke schneiden. Fenchelgrün abzupfen und fein hacken.
250 g Penne (Röhrennudeln)	al dente kochen, durch ein Sieb seihen und bereithalten. In einem Topf
4 EL Olivenöl	erwärmen.
2 Hände voll Miesmuscheln	zugeben.
125 ml trockenem Weißwein	aufgießen. Zugedeckt ganz kurz aufkochen lassen. Durch ein Sieb geben und den Fond auffangen. Fleisch aus den geöffneten Muscheln lösen, geschlossene Muscheln wegwerfen. Fenchel im Muschelfond weich dünsten. Mit
Salz	
Pfeffer	
ca. 4 cl Pernod	abschmecken. Nudeln zugeben und kurz erwärmen. In tiefen Tellern anrichten. Mit
Parmesan (nach Belieben)	
Fenchelgrün	bestreuen.

Rustikal und urig gestaltet sich das Ambiente im Hamborger Veermaster.

Fusilli di pesce – Fisch-Nudel-Pfanne

500 g Seelachsfilet	waschen, trocken tupfen, in große Würfel schneiden. Mit
2 EL Zitronensaft	beträufeln.
170 g Fusilli-Nudeln	nach Packungsanweisung zubereiten.
3 Knoblauchzehen	schälen, hacken.
1 Zwiebel	würfeln.
800 g Tomaten	waschen, schälen, würfeln.
½ Bund Petersilie	
½ Bund Basilikum	waschen, hacken. Zwiebeln und Knoblauch in
1 ½ EL Olivenöl	anschwitzen. Tomatenwürfel zufügen, ca. 5 Minuten dünsten.
200 ml Wasser	angießen.
1 Brühwürfel	zufügen, aufkochen lassen. Mit weiteren
3 EL Zitronensaft	
1 Prise Salz	
1 Prise Pfeffer	
½ Bund Petersilie	
½ TL Thymian	würzen. Fischwürfel zugeben, etwa 3 – 4 Minuten bei geschlossenem Deckel und niedriger Temperatur ziehen lassen. Nudeln mit
½ Bund Basilikum	unter die Tomaten-Fisch-Pfanne heben, etwa 3 Minuten bei geschlossenem Deckel ziehen lassen. Mit
Salz	
Pfeffer	abschmecken. Mit
Parmesan (80 g gerieben)	servieren.

Rastplätze an der Reeperbahn laden zum Verweilen ein.

Spaghetti mit Tomatensauce und Basilikum

400 g passierte Tomaten	in
3 – 4 EL Olivenöl	erwärmen.
Salz	hinzufügen und ca. 30 Minuten bei mäßiger Temperatur eindicken lassen. Kurz vor Ende der Kochzeit mit
Basilikumblättern	(zerkleinert) würzen.
400 g Spaghetti	in reichlich Salzwasser al dente kochen und abgießen. Spaghetti auf tiefen Tellern mit reichlich Tomatensauce und etwas
Olivenöl	anrichten.
Geriebenen Parmesan	nach Belieben dazu.

Grüne Bandnudeln mit Broccoli-Sahnesauce und Tomaten

300 g grüne Bandnudeln	in Salzwasser mit
2 TL Olivenöl	al dente garen.
1 kg Broccoli	in wenig Salzwasser 5 – 10 Minuten dünsten, dann abgießen, die Gemüsebrühe auffangen. Broccoli-Röschen von den Stielen abschneiden.
4 Tomaten	kreuzweise einschneiden, 5 Minuten grillen, dann die Haut abziehen und achteln. Broccoli-Stiele pürieren und mit
6 EL Creme fraiche	
8 EL Gemüsebrühe	erhitzen. Mit
Salz	
Pfeffer	abschmecken und als Sauce über die gut abgetropften und auf Tellern angerichteten Nudeln geben. Broccoli-Röschen und Tomatenstücke daraufgeben.

In der Bahia Bar sind die Nächte lang.

Pasta mit feinem Gemüse in Kräuter-Rahmsauce

400 g Champignons	putzen, mit Küchenpapier abreiben, eventuell kurz abspülen und trocken tupfen. Von
200 g Zuckerschoten	die Enden abschneiden, die Schoten eventuell abfädeln, waschen und abtropfen lassen.
2 TL Butter (oder Margarine)	in einer Pfanne zerlassen. Pilze und Zuckerschoten darin unter Rühren ca. 5 Minuten dünsten. Das Gemüse mit
Salz	
Pfeffer	würzen.
100 ml Gemüsebrühe	hinzugießen und alles erhitzen.
2 ½ l Wasser	in einem großen, geschlossenen Topf zum Kochen bringen.
2 ½ TL Jodsalz	
250 g Bandnudeln	zugeben. Die Nudeln ohne Deckel bei mittlerer Hitze nach Packungsanleitung bissfest kochen, dabei gelegentlich umrühren. Dann die Nudeln auf ein Sieb geben, mit heißem Wasser abspülen und abtropfen lassen. Pilze und Zuckerschoten mit
Salz	
Pfeffer	abschmecken und
100 ml Creme balance	unterrühren. Nudeln und
4 EL gemischte Kräuter	(gehackt) vorsichtig untermischen und auf Tellern anrichten.

Tipp: Dazu gern gegrillte Garnelen oder saftiges Hähnchenfilet in Scheiben.

Nicht alle Eingänge in der Bernhard-Nocht-Straße sind so rustikal gestaltet.

Lachs auf Bandnudeln

500 g Bandnudeln	in reichlich Salzwasser al dente kochen
500 g Lachsfilet	in kleine Würfel schneiden. Mit
einer Prise Kräutersalz	und mit
wenig Fett	leicht anbräunen und nach ca. 4 Minuten bei mittlerer Hitze zugedeckt garen.
200 g Schmelzkäse natur (oder mit Champignons)	in einem Topf schmelzen.
1 EL Schmand	
250 ml Sahne	
100 ml Milch	
3 Stängel Petersilie	
1 EL Kräuter der Provence	
Basilikum	dazugeben und mit
Salz	
Pfeffer	abschmecken. Nun die Nudeln auf Pastatellern anrichten, den Lachs auf die Nudeln geben und die Sauce darübergießen. Mit
Petersilie	(klein gehackt) Tellerränder dekorativ bestreuen und servieren.

Frisch vom Fass gibt es natürlich Bier – keine Seepferdchen.

Eine Brücke von Italien nach Hamburg

Viele Jahre ist Zwetan Serafino (50) mit seiner Frau Nora und der Familie bereits in Hamburg St. Pauli mit dem Restaurant Leona ansässig. Er hat die Höhen und Tiefen des Stadtteils kennen gelernt – und sich behauptet im Gebiet der »schnellen Mark«.

Jetzt ist Eurozeit – in Deutschland und in Italien. Die Währung hat sich verändert, die Speisen im Restaurant Leona sind in ihrer Qualität geblieben, nicht zuletzt, weil Zwetan Serafino ein leidenschaftlicher Koch ist. Zwei seiner Rezepte finden Sie hier. Viel Spaß beim Nachkochen – und guten Appetit.

Ciabatta Leona

1 Ciabatta (500 g)	in Scheiben schneiden, etwas anrösten, mit
Kräuterbutter (125 g)	bestreichen
400 g Strauchtomaten	in mitteldünne Scheiben schneiden und auf die Ciabatta-Scheiben legen.
250 g Thunfisch	vom Öl und/oder Wasser befreien und auf die Ciabatta-Scheiben verteilen. Mit
Salz	
Pfeffer	würzen und mit frischem
Basilikum	bestreuen.

»Buon Appetito!«

Hier kommen nicht nur italienische Spezialitäten auf den Tisch.

Impanata Milanese – Schnitzel nach Mailänder Art mit einem Hauch Leona-Hamburg

1 kg Kartoffeln	waschen, mit der Schale gar kochen. In der Zwischenzeit
4 Kalbschnitzel vom Metzger (ca. 750 g)	ganz flach klopfen und mit
Salz, Pfeffer	würzen.
500 g Barilla Spaghetti	ca. 5 Minuten al dente kochen. Von
1 Zwiebel	¼ in einer Pfanne goldbraun anbraten.
Fertige Tomatensauce (2 Dosen)	dazugeben. Mit etwas
Gemüsebrühe	abschmecken. Köcheln lassen und zum Schluss etwas
Pesto	druntermischen.
4 Eier	in eine Schüssel geben. Mit
5 cl Sahne	
1 Prise Salz, 1 Prise Pfeffer	
etwas Pesto	gut verrühren. Die inzwischen gekochten Kartoffeln pellen, in Scheiben schneiden, mit dem Rest der Zwiebel und
etwas Sonnenblumenöl	kross anbraten. Würzen. Die Schnitzel beiderseitig mit
Mehl	bestreuen. Einzeln abtupfen, dann ganz in die Eiermischung legen. Dann mit
Paniermehl (1 Packung)	von beiden Seiten panieren. Alle Schnitzel unter mehrfachem Wenden goldbraun braten. Auf große Teller geben, Spaghetti darauf und von der leckeren Tomatensauce etwas darübergeben. Daneben auf dem Teller die Bratkartoffeln und Leona mit dem Hauch Hamburg servieren.

Ich wünsche mir, dass unsere Gastronomie wieder so gut verstanden und interpretiert wird wie es einst schon mal war.

Chez Serafino

Auch auf diesem Wege kann man ein Stück von St. Pauli kennen lernen.

Das gewisse Etwas

Auf das »Sahnehäubchen« kommt es an

Es sind nicht zuletzt die Saucen, die das Kochen zur Kochkunst erheben. Saucen betonen den Geschmack der Nahrungsmitte, verfeinern ihn, heben vor allem den spezifischen Geschmack eines Gerichts hervor. Ein Leitsatz ist, Saucen »natürlich« zu halten, sie sollen sich mit dem Geschmack jenes Nahrungsmittels »identifizieren«, das die Grundlage des Gerichts darstellt. Saucen müssen im entsprechenden Geschirr zubereitet werden und vertragen meist keine allzu große Hitze. Vor allem kein Aluminiumgeschirr verwenden, weil sich darin die Sauce verfärben würde. Zum Umrühren am besten einen langstieligen Holzlöffel verwenden.

Neben den »echten« warmen Saucen, die sich aus dem Eigensaft der zubereiteten Speise bilden (durch Braten, Dämpfen etc.), gibt es Grundsaucen, von denen sich viele andere Saucen ableiten lassen wie die braune und die helle Grundsauce. Sie benötigen eine längere Kochzeit, weil man nur so den samtigen Glanz, das glatte Aussehen und den guten Geschmack erzielen kann.

Dunkle und braune Saucen

Dunkle Saucen werden auf der Basis einer dunkleren Einbrenne oder Mehlschwitze ebenfalls mit Wasser oder Brühe oder feinem Fond aufgegossen.
Ihre Zutaten sind in erster Linie Rotwein, Madeira oder Tomatenmark. Für die Braune Sauce schwitzt man 40 – 50 g Mehl in 40 g Butter an und löscht mit ½ l Brühe, Wasser oder Fond ab.

Helle Saucen

Sie werden auf der Grundlage einer hellen Mehlschwitze oder »Einbrenne« gefertigt, die mit Fleisch-, Knochen- oder Gemüsebrühe, aber auch mit Wasser oder Milch aufgegossen werden kann.

Den klassischen »Fond«, den die so genannte feine Küche dafür vorschreibt, gibt es inzwischen überall zu

Hier sind wir im so genannten Portugiesenviertel, östlich an St. Pauli grenzend.

kaufen. Gewürze und Kräuter können den Geschmack der jeweiligen Sauce dann verändern.

Für das Grundrezept geht man von 40 g Butter aus, die mit 30 – 40 g Mehl angeschwitzt und mit ½ l Flüssigkeit aufgegossen werden. Das Mehl wird in der Butter erhitzt, bis es hellgelb ist, dann fügt man die Flüssigkeit hinzu und schlägt alles mit dem Schneebesen durch, damit sich keine Klümpchen bilden. Nur ganz vorsichtig zum Kochen bringen und die Hitze dosieren.

Hollandaise

3 Eigelb	mit
1 EL Wasser	
1 EL Essig	
Salz, Pfeffer	in einer kleinen Kasserolle bei schwacher Hitze mit dem Schneebesen schaumig schlagen. Wenn die Masse etwas fester wird, unter ständigem Schlagen nach und nach
200 g geschmolzene Butter	dazugeben. Zum Schluss die dickliche Sauce noch einmal abschmecken.

Tipp: Zu frischem Spargel, Fisch etc.

Béchamelsauce

2 Zwiebeln	fein hacken und mit
2 EL Butter	glasig dünsten (nicht braun werden lassen).
½ EL Mehl	dazugeben und mit
⅜ l süßem Rahm	eine glatte Sauce rühren. Mit
Pfeffer, Salz	abschmecken.

Abstellflächen für ein Glas Bier oder Wein haben auf St. Pauli vielerlei Gestalt.

Senfsauce

2 EL Mehlschwitze	mit
¼ l Fleischbrühe	glatt rühren und 3 Minuten kochen.
5 EL Senf	dazugeben. Nicht wieder aufkochen lassen.
ca. ½ TL Zucker	zum Abschmecken dazugeben.

Champignonsauce

200 g Champignons	waschen, blättrig schneiden, mit
Zitronensaft	beträufeln und 5 Minuten in
Butter (1 EL)	anbraten.
¼ l Brühe	dazugießen und die Pilze im geschlossenen Topf weich dünsten.
1 EL Butter	
1 EL Mehl	zu einem glatten Kloß verkneten, an die Sauce rühren, ca. 3 Minuten aufkochen lassen, mit
Salz	
Pfeffer	abschmecken und
⅛ l Rahm	unterziehen.

Tipp: Zu Fleisch und Pasteten.

Das »Schiff« des Verlags Gruner + Jahr liegt an der Elbe.

Meerrettichsauce

2 EL Mehlschwitze	mit
¼ l Fleischbrühe	glatt rühren. 3 Minuten kochen lassen und dann
5 – 6 EL Meerrettich	(gerieben, angemacht aus dem Glas) dazugeben. Nicht wieder aufkochen lassen, weil die Sauce dann den Geschmack verliert.

Petersiliensauce

1 EL Butter	
1 EL Mehl	anschwitzen und mit
¼ l Milch	glatt rühren. 3 Minuten kochen lassen.
1 Bund Petersilie	(gehackt) dazugeben. Mit
Zitronensaft	
Salz	
Pfeffer	abschmecken.

Krebssauce

3 Eigelb	
1 Msp. Salz	mit Schneebesen schaumig schlagen.
50 g Krebsbutter	schmelzen und die heiße Krebsbutter tropfenweise zu dem Eigelb geben. Mit
Zitronensaft	abschmecken.

Tipp: Zu Fisch, Fischpasteten etc.

Warum nicht mal Nudeln für die große Familie auf dem Fischmarkt kaufen?!

Wie Hamburg zu seinen dicken Saucen kommt

Hamburger Hausfrauen scheinen seit jeher Angst zu haben, dass ihnen jemand am Tisch verhungert. Ein Chronist des 19. Jahrhunderts vermerkt zu diesem Problem: »Will man hier jemandem seine Zuneigung beweisen, so lädt man ihn zum Essen ein, und die Verdauungsstörungen des Gastes verbucht man als seinen Dank.«
Auch heute wird noch viel gestoovt (oder gestobt) – das heißt, mit Mehl oder Milch gebunden. Fast alle Gemüsesorten lassen sich auf diese Weise zu Kalorienbomben aufblähen (manche Hausfrau dickt sogar ihr Kompott an). Und wer seine Gäste wirklich schätzt, überstreut das solchermaßen gestoovte Gemüse dann noch mit gerösteten Speckwürfeln.
St. Pauli bietet natürlich viele Möglichkeiten, übermäßig angesammelte Kalorien wieder abzubauen – aber das ist ein anderes Thema.

Bei der richtigen Beleuchtung kann natürlich auch im Dunkeln Fußball gespielt werden.

Gurkensauce

1 Salatgurke	im Ganzen schälen, der Länge nach aufschneiden und die Kerne entnehmen. Dann in feine Streifen schneiden und mit
50 g Butter (oder Margarine)	
1 Schalotte	(fein gehackt) weich schmoren. Mit
1 EL Mehl	bestäuben und
¼ l Bouillon	unter Rühren dazugießen. 3 Minuten kochen lassen. Mit
Salz	
Pfeffer	
Petersilie	(gehackt)
3 EL süßem Rahm	abschmecken.

Tipp: Statt mit Mehl und Brühe kann man die Sauce auch mit ¼ l Schlagrahm legieren und statt der Petersilie Dill verwenden. Zu gekochtem Rindfleisch, Hamburger Steak etc.

Specksauce

150 g durchwachsenen Speck	
2 Zwiebeln	fein würfeln. Dann den Speck in der Pfanne glasig braten und die Zwiebeln dazugeben. Weiterbraten, bis beides goldgelb ist.

In den Musik-Clubs auf dem Hinterhof ist für viele Musikfans das Richtige dabei.

Vanillesauce

1/4 l Milch (oder süßen Rahm)	mit
1/2 Stange Vanille	zum Kochen bringen.
1 TL Maismehl	mit kaltem Wasser anrühren, zu der kochenden Milch geben und das Ganze kurz weiterkochen.
2 Eigelb	mit
1 EL Zucker	verquirlen und mit dem Schneebesen in die Sauce schlagen. Noch einmal erhitzen, aber nicht kochen lassen. Die Vanille herausnehmen und die Sauce unter häufigem Umrühren im Wasserbad abkühlen lassen.

Zitronensauce

2 Streifen Schale einer unbehandelten Zitrone	in
1/4 l Wasser	kochen lassen, dann entfernen.
1 EL Speisestärke	mit etwas Wasser verquirlen, in die Sauce rühren und einmal aufwallen lassen. Inzwischen
1 Ei	mit
2 EL Zucker	schaumig rühren, bis sich der Zucker ganz aufgelöst hat. Den süßen Eierschaum an die Sauce rühren. Mit
ca. 4 EL Zitronensaft	abschmecken.

Für 25 Euro eine gebrauchte Marine-Jacke. Ein guter Preis?

Kirschsauce

250 g entsteinte Kirschen	mit
¼ l Rotwein	
4 – 6 EL Zucker	ca. 5 Minuten kochen lassen. Die Sauce mit im Wasser angerührtem
Maismehl (1 TL)	legieren, noch einmal aufkochen und heiß oder kalt servieren.

Weinsauce

¼ l Weißwein	mit
½ Stange Vanille	aufkochen.
2 Eigelb	mit
1 EL Zucker	schaumig schlagen und mit dem Schneebesen in den kochenden Wein quirlen. Vanille herausnehmen und die Sauce abkühlen lassen. Kurz vor dem Servieren den steifen
Eischnee	unterrühren.

Cumberlandsauce

60 g roten Johannisbeergelee	mit
⅛ l Öl	glatt rühren.
Schale einer Orange	(gerieben)
½ TL Salz	
3 – 5 EL scharfen Senf	
Cayennepfeffer	dazurühren. Falls der Gelee nicht ganz gelöst ist, wird die Sauce durch ein Sieb gerührt. Sie muss scharf-süßlich sein.

Tipp: Zu Kassler, Wild etc.

Der Silbersack – eine alteingesessene Kneipe im vorübergehenden Ruhestand.

Für Feinschmecker

Beispielhaft für die internationale Küche in St. Pauli steht auch das Restaurant East. Küchenchef Sascha Fähmel, Jahrgang 1976, hat uns ein paar seiner Geheimnisse der Speisenzubereitung verraten.

Er kocht, nach mehreren Stationen, unter anderem im Fischereihafenrestaurant Hamburg, seit Eröffnung im Oktober 2004 im East Hamburg. Seit September 2005 steht Fähmel als Küchenchef in der Verantwortung für das kulinarische Wohlbefinden vieler Gäste, die neben den Köstlichkeiten aus der Küche das besondere Ambiente des East genießen.

Hier seine Empfehlungen zum Nachkochen:

Schneckenragout mit Flusskrebsen an Parmesanhippe

1 rote Jalopenos
1 Knoblauchzehe
1 rote Zwiebel
150 g Paprikamix
1 cm Ingwer
2 Tomaten (entkernt)
1 Halm Zitronengras
1 Stange Frühlingslauch

schön fein schneiden. Die Jalopenos, den Knoblauch, den Ingwer mit den Zwiebeln in etwas

Der Verkehr auf der Reeperbahn kommt meist erst in den späten Abendstunden zum Höhepunkt.

Olivenöl	anschwitzen.
48 Achat-Schnecken	dazugeben und mitbraten. Alles mit
100 ml Kalbsjus	ablöschen und den Rest der Zutaten hinzugeben. Kurz vor dem Servieren
2 TL Trüffelöl	eingießen. Mit
Meersalz	
Pfeffer	abschmecken.
12 lebende Flusskrebse	in gut gesalzenem Wasser 1 Minute lang kochen und in Eiswasser abschrecken. Das Schwanzsegment vorsichtig von der Schale und dem Darm befreien und anschließend in etwas
Butter	und
ein wenig frischem Ingwer	anschwitzen.
400 g frisch geriebenen Parmesan	bei geringer Temperatur in einer Pfanne schmelzen lassen, so dass sich der Käse miteinander verbindet. Nun die warme Parmesanmasse vorsichtig aus der Pfanne nehmen, über eine runde Form legen und erkalten lassen.

Informationen an den Landungsbrücken geben Besuchern Orientierungshilfen.

Hummermedaillons auf getrüffelten Shi-Take-Pilzen und Tagliatelle

300 g Hummerkarkassen	bei 200 °C scharf anrösten.
200 g Röstgemüse (Fenchel, Karotte, Sellerie, Schalotten, Lauch)	mit anschwitzen.
2 EL Tomatenmark	einrühren.
1 Msp Fenchelsamen	
1 Msp Kreuzkümmel	hinzugeben und kurz mitrösten.
4 cl Sandemann Creme Cherry	zum Flambieren vorsichtig eingießen und mit
50 ml trockenem Weißwein	ablöschen. Mit
150 ml Fischfond	
3 EL Schältomaten	auffüllen und eine Stunde leicht köcheln lassen.
100 ml Sahne	
2 EL Creme fraiche	dazugeben und mit
Salz, Pfeffer	abschmecken. Gegebenenfalls mit etwas
Mondamin	abbinden.
4 kanadische Hummer (lebend)	in Salzwasser mit
2 Lorbeerblättern	
2 Knoblauchzehen	5 – 6 Minuten abkochen und in Eiswasser abschrecken. Nun den Hummer ausbrechen. Die Scheren ganz lassen und den Schwanz leicht tranchieren. Die Karkassen für die Garnitur aufheben.
200 g geschnittene Shi-Take-Pilze	mit
1 EL geschnittener Schalotten	
2 EL Butter	in der Pfanne glasig anschwitzen und mit
3 cl rotem Portwein	ablöschen.

Auch Katzen leben auf St. Pauli.

30 g gehobelte schwarze Trüffeln	und
2 EL Trüffelöl	kurz mitköcheln lassen und mit
100 ml Kalbsjus	auffüllen.
12 Nester Tagliatelle	mit
1 Schuss Olivenöl	in Salzwasser al dente kochen. In die Tellermitte die Tagliatelle geben, davor den tranchierten Hummer setzen. Auf die Tagliatelle das Pilzragout anrichten und mit dem Hummerschaum umgießen. Die aufgehobenen Hummerkarkassen für die Garnitur verwenden.

Sascha Fähmel aus dem Restaurant East wünscht Ihnen eine gelungene Zubereitung und einen kulinarischen Genuss in angenehmer Atmosphäre.

Dieser Shuttle bringt seine Passagiere über die Elbe zum »König der Löwen«.

Grießklöße einfach

300 g Grieß	mit
50 g Fett (heiß)	übergießen. Mit
1 l Milch (kochend)	(leicht gesalzen) ablöschen und 1 Stunde ziehen lassen.
4 Eier	
3 EL Mehl	in die Masse einrühren. Dann daraus Klöße formen und in siedendem Salzwasser ziehen lassen (ca. 10 – 15 Minuten), bis die Klöße an die Oberfläche auftauchen.

Grießklöße

2 Brötchen (altbacken)	in Würfel schneiden und in
Butter	rösten.
50 g Räucherspeck	ebenfalls (extra) rösten und mit
250 g grobem Grieß	vermischen, weiterrösten. Das Ganze mit
¼ l Fleischbrühe	ablöschen, gut verrühren und die Brötchenwürfel zugeben. Mit
1 Prise Salz	würzen. 10 Minuten ziehen lassen. Aus der Masse große Klöße formen und in
Salzwasser	oder
Fleischbrühe	ca. 15 Minuten ziehen lassen (nicht kochen).

Pizza und mehr – in St. Pauli in sehr hoher Konzentration pro Quadratkilometer.

Stangenspargel

2 kg Spargel	vom Kopf bis zum Ende dünn schälen, zum Ende hin evtl. etwas dicker. Außerdem das Endstück so weit abschneiden, dass der Spargel nicht mehr hölzern ist. Dann in 8 Bündel binden und in 2 Portionen ca. 20 – 30 Minuten im geschlossenen Topf kochen.
Salz	dazugeben und in eine Serviette geschlagen anrichten.

Tipp: Dazu schaumig geschlagene Butter oder Hollandaise, Holsteiner Katenschinken und neue Kartoffeln mit Petersilie.

Erbsenpüree

500 g getrocknete Erbsen	12 – 24 Stunden einweichen. Dann mit dem Einweichwasser zum Kochen bringen und bei kleiner Hitze weich kochen. Nach 1 ½ Stunden
1 Bund Suppengemüse	(geputzt und klein geschnitten) dazugeben und 30 Minuten weiterkochen lassen. Die weichen Erbsen durch ein Sieb rühren und das Püree noch einmal erhitzen. Mit
Salz, Pfeffer	abschmecken. Vor dem Servieren mit
gebräunter Butter	begießen.

Kinder brauchen auf St. Pauli Räume zum Spielen.

Von Griechenland nach Hamburg

Grünkohl ist ein so typisches Essen im Norden der Republik, dass man glauben möchte, er wurde hier »erfunden«. Dabei hat er seinen Ursprung wahrscheinlich in Griechenland. Dort wurde bereits 400 v. Chr. ein krausblättriger Blattkohl beschrieben, der später bei den Römern als Sabellinischer Kohl eine Delikatesse war. Dieser Kohl dürfte der Vorläufer des heutigen Grünkohls sein. Das kältestabile Gewächs zählte in der römischen Küche zu den »Trendsettern«. Bauern, die Grünkohl anbauten, brachten es dadurch oft zu Wohlstand. Typische heutige Anbaugebiete sind Mittel- und Westeuropa, Nordamerika und Ost- sowie Westafrika. Im Norden Deutschlands streiten sich alle Jahre wieder die Städte Bremen und Oldenburg darum, wessen »Spezialität« der Grünkohl denn nun ist. Die längste Tradition können die Bremer nachweisen, die seit 1545 ein öffentliches Grünkohlessen zelebrieren.

Aber auch in Hamburg reicht die Tradition des Grünkohlessens weit zurück. Seeleute und Hafenarbeiter, die in harten Wintermonaten bei eisiger Kälte in Handarbeit die Schiffe be- und entluden, fanden in den einschlägigen Gaststätten »auf« St. Pauli beim Verspeisen von Grünkohl, Kassler und Kohlwurst wieder zu Kraft und normaler Körpertemperatur zurück.

Heute gehen viele Restaurantbesucher insbesondere in der Weihnachtszeit in ausgesuchten Restaurants St. Paulis zum Grünkohlessen, auch ohne vorher Schiffe be- und entladen zu haben. Die Hände, die dann Messer und Gabel halten, sind darum meist auch nicht mehr so rau wie früher. Aber der Grünkohl schmeckt immer noch so deftig und gut wie ehedem.

Wenn man freundlich lächelt, winkt sie vielleicht.

Grünkohl

1 kg Grünkohl	von den Rippen befreien, gründlich waschen und in leicht siedendem
Salzwasser	20 Minuten kochen. Den abgetropften Kohl fein wiegen oder schneiden und in heißem Fett aus
50 g Butter	mit
1 Zwiebel	(fein gehackt)
geriebener Muskatnuss	ca. 30 Minuten bei schwacher Hitze schmoren. Evtl.
1 Tasse Wasser (oder Fleischbrühe)	zugießen.

Tipp: Zu Kassler und/oder Kohlwurst, Rauchfleischklößen oder Zuckerkartoffeln.

Nur Lumpen sind bescheiden. Stimmt das?

Kümmelkartoffeln mit Quark

1 kg Kartoffeln	
(möglichst neue)	gründlich waschen, ungeschält halbieren, mit den Schnittflächen in
Kümmel	
Salz	stippen und auf ein mit
Butter	gefettetes Backblech setzen. Dann die Schalen mit
Butter (oder Öl)	bepinseln und im Backofen bei guter Hitze ca. 40 Min. gar backen.
2 Eier	hart kochen und zerhacken.
500 g Quark	mit
Milch	glatt rühren und mit
Salz	
Petersilie	
Dill	
Schnittlauch	
Basilikum etc.	und den gehackten, harten Eiern vermischen. Zu den heißen Kartoffeln servieren.

Béchamelkartoffeln, überbacken

500 g Kartoffeln	kochen, abpellen, in dicke Scheiben schneiden und in eine mit
20 g Butter	gut gefettete Auflaufform füllen.
¼ l Sahne	mit
Salz	
Muskatnuss	würzen und über die Kartoffeln gießen. 10 Minuten bei mittlerer Hitze im vorgeheizten Backofen überbacken. Vor dem Servieren mit
gehackter Petersilie (1 Bund)	bestreuen.

Tipp: Dazu Holsteiner Katenschinken.

Handelt es sich hier um das Logo eines Fußballclubs? St. Pauli halt!

Kartoffelpuffer

1 kg mehlig kochende Kartoffeln	waschen, schälen und abspülen.
1 Zwiebel	abziehen. Kartoffeln und Zwiebel fein reiben.
3 Eier	
1 TL Salz	
40 g Weizenmehl	hinzufügen und alles in einer Schüssel verrühren. Von insgesamt
100 ml Speiseöl	ein wenig in einer Pfanne erhitzen. Den Teig portionsweise mit einer Saucenkelle oder einem Esslöffel hineingeben. Sofort flach drücken und die Puffer bei mittlerer Hitze von beiden Seiten so lange braten, bis der Rand knusprig ist. Die fertigen Puffer aus der Pfanne nehmen und sofort servieren.

Tipp: Auf die Kartoffelpuffer Apfel- oder Pflaumenmus, Kräuter- oder Meerrettichquark oder auch Räucherlachs mit Creme fraiche, Kräutern und Blattsalat.

Areal nördlich der Feldstraße.

Palmeninsel an der Elbe

Eine ungewöhnliche Entstehung von Lebensraum

Mitte der neunziger Jahre entschieden sich einige Anwohner und Künstler aus St. Pauli, einen öffentlichen Park zu entwerfen – nicht an irgendeinem brachliegenden, sondern an einem sehr speziellen Ort, für den die Stadt Hamburg gerade einen neuen Bebauungsplan beschlossen hatte. Gegenüber von Dock 10 der Blohm & Voss-Schiffswerft entstand Park Fiction (alias: Antonipark) an einem der schönsten Orte Hamburgs, an St. Paulis Elbufer.

Aus einer Position der Unterlegenheit heraus hatten im Hafenrandverein organisierte Anwohner eine geplante millionenschwere Bebauung des Elbhangs in St. Pauli verhindert und stattdessen den selbst verwalteten Park mit Blick auf die Elbe durchgesetzt. Zugleich wurde mit Park Fiction ein radikal beteiligungsorientiertes Planungsverfahren durchgesetzt, dessen erster Teil – die »Phase der kollektiven Wunschproduktion« – seit Oktober 1997 aus Mitteln des »Kunst im öffentlichen Raum«-Programms der Kulturbehörde finanziert wird.

Kaum jemand hätte anfänglich geglaubt, dass es möglich sein könnte, den Verkauf des Geländes und den Bau eines millionenschweren Betonriegels zu verhindern. Doch ein cleveres Netzwerk aus Anrainern, sozialen Einrichtungen, Golden Pudel Club, Künstlern und Hafenstraßenbewohnern setzte Wünsche um in Realität.

Der »Park Fiction« wird verschönert.

Frühstück im Freien

Der Parkentwurf wurde genehmigt, obwohl das Gartenbauamt ihn wegen der Inselflächen nicht für »sitzrasenmähertauglich« hielt. Der erste Bauabschnitt mit künstlichen Palmen, Teeinsel, fliegendem Teppich und Hundewiese wurde 2003 eingeweiht. Auf einem Teilstück, dem Kirchgarten, existieren mittlerweile Mietergärten, die 2004 zum ersten Mal erblühten. Die restliche Fertigstellung wurde von der Stadt erst einmal auf Eis gelegt. Dann aber hatte eine städtische Behörde unabgesprochene Bauarbeiten auf der Fläche vorgenommen, die Straße aufgerissen, die Pflastersteine für eine andere Baustelle »entwendet« und eine Sand- bzw. Schlammpiste hinterlassen. Es gab Proteste, die Stadt geriet in Zugzwang und schließlich wurde entschieden, dass die Parkfertigstellung vorgezogen wird.

Nun ist das Projekt fast fertig. Aus zahlreichen Ideen entstand ein Park mit vielen Inseln auf knappem Raum. Zwei davon, der »Fliegende Teppich« und die »Palmeninsel«, sind bereits seit 2003 die vielleicht meistgenutzten Rasenstücke der Hansestadt. Mitten im Park liegt der Golden Pudel Klub, dahinter ein fast fertiges »Amphitheater« und die St. Pauli Kirche, umgeben von den »Nachbarschaftsgärten« und der Bouleflächе »Frühstück im Freien«. 2005 kamen drei »Open Air Solarien« hinzu, das »Tulpengemusterte Taranfeld«, der »Hundegarten« mit Pudeltoren und einer in Pudelform geschnittenen Buxbaumhecke, das Stegesystem Schauermanns Park, zwei Kräutergärten vor dem Pastorat, sowie der »Bambusgarten des bescheidenen Politikers«.

Anpflanzungen in kleinen Beeten werden liebevoll gehegt und gepflegt.

Gestobte Kartoffeln

500 g Kartoffeln	schälen, in
Salzwasser	gar kochen und mit
1 Tasse Fleischbrühe	
20 g Butter	
1 Bund Petersilie	(gehackt) auf dem Herd verrühren.

Tipp: Zu gekochtem Rindfleisch.

Süße Röstkartoffeln

1 kg sehr kleine Kartoffeln	am Vortag kochen, abgießen, mit kaltem Wasser abschrecken, dann pellen. Offen abkühlen lassen, so dass sie ganz trocken werden. Dann zudecken und über Nacht in den Kühlschrank stellen.
2 EL Butter (oder Schmalz)	in einer Pfanne erhitzen. Die Kartoffeln im Ganzen hineingeben und von allen Seiten goldbraun braten. Dabei die Pfanne mehrmals rütteln, damit die Kartoffeln nicht ansetzen. Erst in den letzten Minuten
1 ½ TL Salz	zugeben und die Kartoffeln mit
1 EL Zucker	bestreuen. Noch mehrmals durchschwenken und dann servieren.

Tipp: Dazu einen frischen Salat.

Brauchen wir nicht alle ein wenig davon?

Zuckerkartoffeln

750 g kleine, runde Kartoffeln	mit der Schale gar kochen und pellen.
2 EL Butter oder Schmalz	in der Pfanne erhitzen, die Kartoffeln hineingeben und unter ständigem Rühren von allen Seiten anbraten.
1 EL Zucker	
Salz	darüberstreuen und weiter braten, bis sie schön glänzend sind.

Tipp: Zu Roastbeef, Kassler, Wild und Grünkohl.

Curry-Risotto

3 Zwiebeln	pellen und würfeln.
25 g frische Ingwerwurzel	schälen und fein würfeln.
2 Knoblauchzehen	durch die Presse drücken.
20 g Butter	erhitzen. Die zerkleinerten Zutaten mit
400 g Risottoreis	
2 EL Madras-Currypulver	unter Wenden glasig dünsten. Dreimal nacheinander je
300 – 350 ml Gemüsefond	zugießen und einkochen lassen. Reis unter häufigem Rühren bei mittlerer Hitze in insgesamt 25 – 30 Minuten ausquellen lassen. Mit
Salz	würzen.
50 g Cashewkerne (ungesalzen)	grob hacken und goldbraun rösten.
½ Bund Koriandergrün	bis auf ein paar Blättchen fein hacken.
20 g Butter	und den gehackten Koriander unter den Reis heben. Mit den Cashewkernen und den Korianderblättchen bestreut servieren.

Auf dem Platz vor diesem Plakat befand sich einst der legendäre Imbiss »Heiße Ecke«.

Keine Straße wie jede andere

Konfliktlösungen besonderer Art

An den schillernd bunten Außenwänden der einstmals illegal besetzten Gründerzeithäuser in der St. Pauli-Hafenstraße hat sich wenig geändert. Graffiti zieren immer noch die Häuserwände, aber die Spannungen von einst in der Atmosphäre sind nicht mehr spürbar. Unruhen, die vor Jahren noch Schlagzeilen in der Presse machten, hat es lange nicht mehr gegeben. Mittlerweile lebt hier eine ganz normale Wohnbevölkerung.

Obwohl die Hafenstraße von der Öffentlichkeit meist als Hausbesetzerszene wahrgenommen wurde, bestanden aber die meiste Zeit über Miet- oder Pachtverträge zwischen den Bewohnern und einigen Gesellschaften im Besitz der Stadt Hamburg. 1995 wurden die Häuser an eine Genossenschaft verkauft und danach saniert. Seit Beginn der Hausbesetzungen, vor allem in der Zeit zwischen 1984 und 1990, ist die Geschichte der Hafenstraße verbunden mit den Bedürfnissen von Menschen und den daraus resultierenden Konflikten in der Gesellschaft und mit dem Staat.

Die bunte Vielfalt an der St. Pauli Hafenstraße ziert Häuserwände.

Die Hafenstraße wurde für die einen zum Symbol des Widerstandes gegen staatliche Willkür und kapitalistische Interessen, für die anderen war es ein »rechtsfreier Raum«, in dem Kriminelle und politisch motivierte Gewalttäter Zuflucht gefunden und sich dem Zugriff der Polizei entzogen hatten.

Neue Formen

Von den Besetzern aus den Anfängen in den 80er Jahren wohnen in der Hafenstraße nicht mehr sehr viele Mitstreiter. Zu dem aber immer noch bunten Völkchen rund um die Hafenstraße haben sich Handwerker, Ingenieure, Kellner, aber auch einige »Paradiesvögel« gesellt. Politik hat an Brisanz verloren, ein friedliches Miteinander ist vorherrschend.

So verlautbart die Hafenstraßengemeinschaft: »Wieweit auch unter ›uns‹ – denen, die geblieben sind, denen ›draußen‹ und den ›Neuen‹ – die Individualisierung mittlerweile das Bestimmende ist oder was noch ›geht‹ an Gemeinschaft und inwieweit die Frage, wie wir weiter leben wollen, noch zusammen ausgestritten wird, ist ein offener Prozess. Vielleicht nimmt das Gemeinsame heute auch nur einfach ganz andere Formen an als gewohnt?«

Polizei an der Hafenstraße ist heute nur noch zur Verkehrsregelung erforderlich.

Gebackene Apfelspeise

10 säuerliche Äpfel	schälen, in Würfel schneiden, mit
Zitronensaft	beträufeln, mit etwas
Zucker	
Zimt	bestreuen und für 1 Stunde beiseitestellen.
150 g Butter	(warm gestellt) schaumig schlagen und nach und nach
125 g Zucker	
3 Eigelb	
Schale einer Zitrone	
100 g Korinthen	und die Apfelwürfel dazugeben. Zuletzt den
Eischnee	dazugeben. Dann die Masse in eine gut mit
Butter	
Paniermehl	bestreute Auflaufform geben und 1 Stunde bei mäßiger Hitze im Backofen überbacken.

Die Schiffswerft Blohm & Voss liegt am Südufer der Norderelbe.

Weinschaumspeise

1 EL Maismehl	
¼ l Weißwein	in einer Kasserolle vermischen. Mit
3 ganzen Eiern	
2 Eigelb	
Saft und abgeriebener Schale einer Zitrone	
75 g Zucker	
1 Schnapsglas weißen Rum	schaumig rühren. Dann bei schwacher Hitze auf dem Herd unter ständigem Schlagen mit dem Schneebesen oder Quirl bis kurz vor dem Kochen erhitzen. Dann die Kasserolle in kaltes Wasser stellen und weiterschlagen, bis die Creme abgekühlt ist. In eine Schüssel füllen und eisgekühlt servieren.

Gestürzter kalter Reis

150 g Reis	in Wasser aufquellen lassen.
½ l Weißwein	
1 TL Butter	
3 EL Zucker	
Zimt	
Zitrone	an den Reis geben und ihn dann völlig weich werden lassen. Eine Form mit
eingemachten Früchten	auslegen und den noch warmen Reis einfüllen. Kalt umstürzen und eine
Fruchtsauce	dazugeben.

Nimmt man Birnenkompott als Grundlage, heißt dieser Nachtisch in Hamburg »Quetschmadam« nach der ursprünglich verwendeten Birnensorte Quisse Madame.

Hier wird zur Musik von Hans Albers durch die Nacht geschwoft.

Hamburger Apfelkuchen

250 g Butter	(vorgewärmt) zu Schaum rühren.
1 Paket Hefe (30 g)	mit
½ l Milch	(lauwarm) verrühren. Mit
8 Eigelb	
4 ganzen Eiern	
125 g Zucker	
125 g Korinthen	
Kaneel	in den Schaum geben.
500 g Mehl	(gesiebt) in die Masse kneten.
1 kg Äpfel	schälen, entkernen, fein würfeln und mit dem steifen Eischnee der
8 Eiweiße	zum Teig geben. Mindestens eine Stunde warm gestellt aufgehen lassen. In einer Apfelkuchenpfanne (Ochsenaugenpfanne) oder in der Friteuse in
Schmalz	(heiß gemacht) aus 1 EL Teig goldgelbe Kuchen backen. Mit
Zucker	bestreuen.

Tipp: Apfelkuchen werden Altjahrsabend gegessen, dazu wird Rotweinpunsch getrunken.

Baustile und Elemente vergangener Zeiten sind in St. Pauli überall zu finden.

Großer Hans

750 g Mehl
300 g Butter (oder Margarine) (vorgewärmt)
¼ l Milch
125 g Rosinen
125 g Korinthen
4 Eier
250 g Zucker
1 Msp. Kardamom
1 Msp. Kaneel
Zitronensaft zu einer nicht festen Masse vermengen. Den fertigen Teig in ein vorher mit Mehl bestreutes Tuch füllen und nicht zu fest zusammenbinden, da der Kloß aufgeht. In einem großen Topf mit leicht gesalzenem, seicht kochendem Wasser hängen. Der Kloß darf den Boden nicht berühren. 2 Stunden kochen lassen. Nach dem Herausnehmen kurz mit kaltem Wasser übergießen und auf den Teller legen.

Tipp: Dazu Kirschsauce.

Das Bundesamt für Seeschifffahrt und Hydrographie ist in der Berhard-Nocht-Straße etabliert.

Apfelklöße mit Zimt und Zucker

3 Eier	mit
1 TL Salz	
1 EL Zucker	
2 EL Butter	(geschmolzen)
⅛ l Milch	verquirlen.
400 g Mehl	zugeben und gut verrühren.
500 g Äpfel	schälen, vierteln, entkernen und in kleine Stücke schneiden. In den Teig einkneten.
Reichlich Salzwasser	in einem großen Topf zum Kochen bringen. Mit 2 Esslöffeln aus dem Teig glatte Klöße abstechen und formen. Die Klöße im offenen Topf garen, aber nicht kochen lassen. Nach ca. 15 Minuten mit einer Schaumkelle herausnehmen, kurz auf Küchenpapier abtropfen lassen und dann in eine vorgewärmte Schüssel geben. Etwas
Butter	in einer Pfanne bräunen, dann über die Klöße gießen.
Zimt/Zuckermischung	in einer Schale auf den Tisch stellen. Je nach Bedarf nimmt jeder davon.

Das Innere der Fischauktionshalle bietet ganz besondere »Ausblicke«.

Tutti-Frutti-Kompott

400 g feste Kirschen	
200 g Erdbeeren	
200 g Himbeeren	
100 g rote Johannisbeeren	
100 g schwarze Johannisbeeren	waschen und abtropfen lassen. Die Kirschen entkernen und ohne Stängel im geschlossenen Topf mit
4 EL Zucker	bei schwacher Hitze ca. 10 Minuten ohne Wasser dünsten. Dann die übrigen Früchte dazugeben und 5 Minuten weiterdünsten. Mit
Zucker	abschmecken.

Tipp: Entweder heiß zu Vanilleeis oder eisgekühlt servieren.

Silberne Löffelspeise

1 Zitrone	spiralförmig schälen.
75 g Maismehl	mit etwas kalter
Milch	anrühren.
1 l Milch	mit
75 g Zucker	und der Zitronenschale aufkochen lassen. Das angerührte Maismehl dazugeben und das Ganze unter ständigem Rühren mit dem ›silbernen Löffel‹ kochen, bis sich Blasen bilden. Den Topf vom Herd nehmen, den Zitronensaft und
1 Weinglas weißen Rum	dazugeben. So lange rühren, bis die Masse erkaltet ist. In eine Schüssel füllen und vor dem Servieren stürzen.

Tipp: Dazu Kirschsauce oder Tutti-Frutti-Kompott.

Mit Barkassen lassen sich viele Wege auf dem Wasser gut bewältigen.

Rote Grütze

500 g Himbeeren	
500 g Johannisbeeren	
(oder 500 g rote Johannisbeeren	
250 g schwarze Johannisbeeren	
250 g Himbeeren)	mit Wasser bedeckt aufkochen lassen, durch ein Sieb rühren, den entstandenen Saft abmessen. Auf 1 l Saft
80 g Maismehl (8 gestr. EL),	das mit kaltem Wasser angerührt wird. Den Fruchtsaft abkochen lassen und mit
Zucker	gut süßen. Bei schwacher Hitze das Maismehl einrühren und noch einmal unter Rühren aufkochen lassen, bis die Masse Blasen wirft und zu dicken beginnt. In eine mit kaltem Wasser ausgespülte Glas- oder Porzellanschüssel füllen und abkühlen lassen. Vor dem Servieren stürzen.

Tipp: Da Rote Grütze den ganzen Sommer über gekocht wird, kann man die Früchte auch variieren und z. B. zusätzlich 250 g ganze, entsteinte Sauerkirschen in dem durchgerührten Fruchtsaft mitkochen. Dazu eisgekühlten süßen Rahm und groben Zucker zum Bestreuen.

Hans Albers wird auf St. Pauli immer wieder gern genommen.

Stachelbeergrütze

500 g grüne Stachelbeeren	waschen und in
½ l kochendes Wasser	geben. Bei geschlossenem Deckel ca. 20 Minuten kochen. Durch ein Sieb rühren und den Fruchtsaft wieder aufkochen.
Zucker (125 g)	dazugeben und mit in kaltem Wasser angerührtem
Maismehl (80 g)	unter ständigem Rühren kochen, bis die Grütze zu dicken beginnt. Dann in eine mit kaltem Wasser ausgespülte Schüssel oder Puddingform (nicht aus Metall) geben. Erkalten lassen und vor dem Servieren stürzen.

Tipp: Dazu eisgekühlter Rahm und grober Streuzucker.

Rhabarbergrütze

500 g Rhabarber	
1 l Wasser	
80 g Maismehl	
125 g Zucker	werden zubereitet wie bei der Stachelbeergrütze.

Tipp: Dazu Vanillesauce oder eisgekühlten Rahm und groben Streuzucker.

Alte und neue Baustile vereinen sich zu einem Gesamtbild.

Vom ältesten Gewerbe der Welt

Auf dieser Wanderung durch das berühmteste Rotlichtviertel der Welt erlangen die Teilnehmer Einblicke in die faszinierende, jahrhundertlange Geschichte der Prostitution in Hamburg und speziell auf St. Pauli. Begleiten Sie Apasia, die Straßenhure aus dem 19. Jahrhundert, in ihrer vorgeschriebenen Tracht auf der Wanderung durch das Rotlichtviertel, und lauschen Sie ihren Worten, wenn sie die Geschichten von schönen Frauen, feilen Dirnen und den städtischen Huren von damals und heute erzählt.

Die Idee für die 25 Euro teure Hurentour wurde bei einem Besuch in London geboren, bei einer Führung zum Thema »Jack the Ripper«, erklärt die Initiatorin. Recherchen im Staatsarchiv und einige weitere Quellen hätten so viel Originalität zutage gebracht, dass schnell klar wurde, daran werde ein großes Interesse bei den Kiezbesuchern vorliegen.

So mussten die Dirnen früher eine bestimmte Art von Haube tragen, die sie zeitlebens kenntlich machte. Nicht einmal 200 Prostituierte habe es im 19. Jahrhundert auf St. Pauli gegeben, heute seien es mehr als 5.000, so »Magdalena«, eine der Führerinnen.

Die berühmten gespreizten Beine der Boxer- und Promikneipe Zur Ritze stammen aus der Pinselspitze des Malers Erwin Ross.

Bundesweit gingen täglich etwa eine Million Männer zu einigen hunderttausend Huren. Die Teilnehmer dieser Führung erfahren fast alles über Straßenhuren, Polkatänzerinnen, Schlafbaaswirtschaften, stille Häuser, Luden und Kupplerinnen. Einige Geheimnisse werden aber niemals an die Öffentlichkeit dringen.

Auch die heutigen Zeiten mit dem Straßenstrich, den Bordellstraßen, den Laufhäusern, den Edelbordellen, den Saunastudios und dem Zuhälterwesen werden nicht ausgelassen. Ein Sado-Maso-Shop wird auf der »Wanderung« durch die Meile ebenfalls besucht. Die Tour endet in einer urigen St. Pauli Kneipe. Dort gibt es außer einem »Hurenschnaps« die Gelegenheit, mit der Führerin über das Erlebte zu diskutieren und weitere Fragen zu stellen.

Hinweis: Das Mindestalter für Teilnehmer an der Hurentour beträgt 18 Jahre!

Table Dance und viele weitere Show-Action ziehen die Besucher an.

Braune Kuchen

10 g Pottasche	in
4 EL Rosenwasser	anrühren.
500 g Mehl	
1 Paket Backpulver	vermischen.
125 g Butter	
125 g Schmalz	
500 g Sirup	langsam erwärmen. Wenn die Masse dünnflüssig ist, das mit dem Backpulver vermischte Mehl, die in Rosenwasser angerührte Pottasche und
50 g Succade	(gewürfelt)
125 g Mandeln	(fein gehackt)
½ TL Nelkenpulver	
½ TL Kardamom	
½ TL Zimt	dazugeben und einrühren. Alles mit den Händen zu einem festen Teig verarbeiten und an einem warmen Platz 6 – 8 Tage ruhen lassen. Beim Ausrollen zu den einzelnen Teigklumpen so viel
Mehl	unterkneten, dass sich der Teig leicht dünn ausrollen lässt. Quadrate ausrädern oder Figuren und Formen ausstechen. Auf einem gefetteten und mit Mehl bestreuten Backblech bei mittlerer bis starker Hitze im vorgeheizten Backofen kross backen.

Tipp: Diese traditionellen Weihnachtskuchen schmecken besonders gut auf mit Butter bestrichenem Brot.

Das Hamburg-Wappen kann man nicht nur an den Landungsbrücken kaufen.

Butterkuchen

500 g Mehl	
150 g Milch	
40 g Hefe	vermischen und 2 Stunden an einem warmen Platz aufgehen lassen. Dann
6 Eigelb	
200 g Butter	(angewärmt)
60 g Zucker	dazugeben und noch einmal 30 Minuten gehen lassen. Der Teig wird auf einem mit
50 g Butter	gefetteten und
Mehl	bestreuten Backblech ca. 3 cm dick ausgerollt, mit
1 Ei	(verquirlt) bestrichen und mit
125 g Mandeln	(gestiftelt)
Hagelzucker	
Butterflocken	bestreut. Bei mittlerer Hitze ca. 45 Minuten backen, bis der Kuchen goldgelb ist und beim Einstechen nicht mehr klebt.

Unbeweglich blickt die Frau den Seemännern nach, die nicht mehr zurückkehren.

Franzbrötchen – lecker und geheimnisvoll

Lecker, klebrig, süß und mit herrlichem Zimtgeschmack – das ist das Franzbrötchen. Für viele waschechte Hamburger ist dieses kleine Stück Gebäck der Inbegriff von Heimat. Und für regelmäßige Besucher der Stadt ist es der Inbegriff von Hamburg. Der Ursprung des Franzbrötchens ist Anlass für viele Spekulationen. Im »Kleinen Lexikon Hamburger Begriffe« wird folgende These aufgestellt:

»[Sie] sind seit dem 19. Jahrhundert als eine Gebäckspezialität in Hamburg belegt. Zunächst bezeichnete der Ausdruck »Franzbrot« einen langen Laib Brot, der aus besonders feinem, weißem Mehl und mit Butter gebacken war, dem heutigen Baguette vergleichbar. Bald nach der Jahrhundertwende begann eine Hamburger Bäckerei, ihre Franzbrötchen in der Fettpfanne zu veredeln.

Heute werden sie aus einem Hefe-Plunderteig mit viel Butter und Zimt in vielen Variationen gebacken. Dass Franzbrötchen eine regionale Spezialität sind, zeigt schon die Tatsache, dass man sie zum Beispiel in Bremen gar nicht und in Lüneburg nur als »Hamburger« kaufen kann.«

Wer das Gebäckstück dennoch außerhalb der Hamburger Stadtmauern entdeckt, sollte sich diesen Gaumenschmaus nicht entgehen lassen!

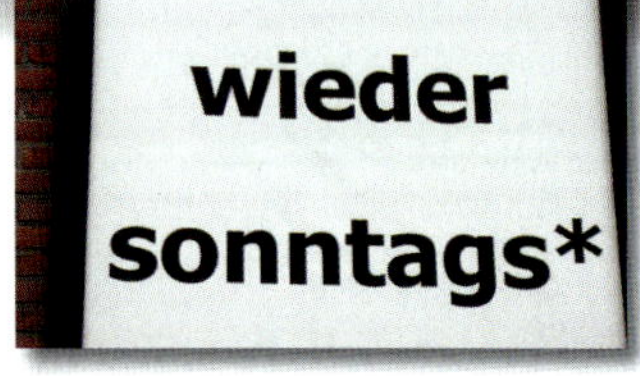

** Aber es kann natürlich auch an jedem anderen Tag in der Woche sein.*

Franzbrötchen

500 g Mehl	in eine Schüssel geben, in die Mitte eine Mulde drücken und
40 g Hefe	hineinkrümeln.
70 g weiche Butter	
70 g Zucker	
1 Prise Salz	
Schale einer Zitrone	auf dem Mehlrand verteilen.
250 ml Milch	(lauwarm) über die Hefe gießen. Alle Zutaten von der Mitte aus mit den Händen oder dem Knethaken des Handrührers verkneten und so lange durcharbeiten, bis sich der Teig vom Schüsselrand löst. Mit
Mehl	bestäuben und zugedeckt an einem warmen Ort 20 Minuten gehen lassen. Den Teig auf einer bemehlten Arbeitsfläche zu einem Rechteck von 30 x 35 cm ausrollen. Von der Schmalseite her ein Drittel zur Mitte hin einschlagen und das letzte Drittel darüberklappen, so dass 3 Teigschichten übereinander liegen. 15 Minuten kühl stellen. Das Teigstück zu einem Rechteck von 80 x 40 cm ausrollen, mit etwas Wasser bestreichen und mit
170 g Zucker	
1 ½ TL Zimt	(vermischt) bestreuen. Das Teigstück von der Längsseite her zu einer ca. 6 cm breiten, abgeflachten Rolle aufrollen und in ca. 5 cm breite Stücke schneiden (die Nahtstelle muss unten liegen). Die Stücke in der Mitte parallel zu den Schnittflächen kräftig eindrücken. Die Franzbrötchen auf ein Backblech legen (sie dürfen sich nicht berühren), zudecken und 15 – 20 Minuten gehen lassen. Die Brötchen auf der 2. Schiene von unten bei 200 °C 20 – 25 Minuten backen.

Auf dem St. Pauli Fischmarkt reihen sich die Verkaufsstände aneinander.

Puffer

500 g Mehl	
1 Tüte Backpulver	in eine große Schüssel sieben.
1 Tasse Milch	
4 Eier	
4 EL Rum	dazugeben. Nach und nach
125 g Rosinen	
125 g Korinthen	
200 g Butter	(angewärmt)
200 g Zucker	
Schale einer Zitrone	(gerieben)
50 g Succade	(sehr fein gewürfelt)
1 Msp. Kardamom	
1 Msp. Kaneel	darunterrühren. In eine gefettete und mit
Mehl	bestreute Ringform füllen und bei mittlerer Hitze ca. 45 Minuten backen.

Weiße Kuchen

5 Eier	
500 g Zucker	schaumig rühren.
Schale einer Zitrone	
80 g Succade	(fein gehackt)
½ TL Zimt	
½ TL Nelkenpulver	
500 g Mehl	
15 g Pottasche	dazugeben. Den Teig gut durchkneten und 1 cm dick ausrollen. Viereckige Kuchen ausschneiden (die man auch mit Succadestückchen belegen kann). Auf einem gefetteten, mit Mehl bestreuten Blech bei sehr schwacher Hitze backen, so dass sie mehr getrocknet als gebacken werden.

Hier kann man rund um die Uhr tanken, Brötchen kaufen und Leute treffen.

Klöben

15 g Hefe	mit
¼ l Milch	
65 g Zucker	auflösen.
250 g Mehl	dazugeben und den Teig zum Aufgehen für 2 Stunden an einen warmen Platz stellen.
250 g Rosinen	
½ TL Kardamom	
65 g Mandeln	
Schale einer halben Zitrone	(gerieben)
½ TL Salz	zusammenrühren. Den gut aufgegangenen Teig dazugeben, nach und nach
65 g Mehl	
2 Eier	dazugeben. 5 – 10 Minuten schlagen und einen Klöben formen (der Teig wird in der Mitte geteilt und eine Seite überschlagen). Auf ein Blech legen, mit
Eiweiß	bestreichen.
3 TL Butter	darauflegen und den Teig 30 Minuten aufgehen lassen. Dann (nicht zu heiß) 45 Minuten backen. In der letzten Viertelstunde den Ofen etwas heißer stellen.

Die Musik von Elvis hört sich auf Vinyl eben doch am besten an.

Hefebrot

35 g Hefe	mit
1 Tasse Milch	
1 TL Zucker	10 Minuten quellen lassen.
ca. 375 g Mehl	in eine Kumme sieben. Die angerührte Hefe,
1 Ei	
125 g Butter	(geschmolzen) hineinrühren. Kneten, bis ein glatter Kloß entsteht, der nicht mehr klebt. Evtl. noch etwas Mehl darüberstreuen. Den Kloß so lange in einer Schüssel mit lauwarmem Wasser liegen lassen, bis er schwimmt. Herausnehmen.
Zucker	und so viel
Mehl	dazukneten, bis der Teig geschmeidig und nicht mehr klebrig ist. Auf einem gefetteten, mit Mehl bestreuten Backblech ein Brot formen, mit
Milch (oder verquirltem Eigelb)	bepinseln und ca. 45 Minuten bei mittlerer Hitze backen (wenn man eine Stricknadel in den Teig sticht, darf nichts daran kleben bleiben).

Tipp: Das Brot aufschneiden und mit Butter und Marmelade bestreichen. Wer es lieber deftig mag, belegt das mit Butter bestrichene Brot mit einem Salatblatt, mildem Käse und streicht etwas Remouladensauce darauf.

Schautafeln an der Hafenkante geben Auskünfte.

Heißwecken

35 g Hefe	mit
¼ l Milch	quellen lassen. Dann mit
500 g Mehl	(gesiebt)
250 g Butter (oder Margarine)	(angewärmt)
65 g Zucker	
125 g Korinthen	zu einem Teig verkneten und warm gestellt 2 Stunden gehen lassen. Noch einmal durchkneten, 3 cm dick ausrollen und mit einem Glas runde Wecken ausstechen. Auf ein gefettetes Backblech legen und noch einmal 30 Minuten gehen lassen. Mit
2 Eigelb	(verquirlt) bestreichen und bei mittlerer Hitze ca. 1 Stunde backen, bis sie goldgelb sind.

Tipp: Heißwecken werden von Fastnacht bis Karfreitag gegessen. Man schneidet sie auseinander, bestreicht eine Hälfte mit Butter und legt sie wieder zusammen.

Das Schaufelrad der »Louisiana Star« dreht sich für die Touristen an vielen Tagen im Jahr durchs Elbwasser.

Ein kulinarischer Einkaufsbummel mit Stefan Samson

Es muss nicht immer Kaviar sein – aber es darf schon.

Der Altonaer Fischmarkt ist eine Hamburger Institution. Meistens lockt der Markt aber nicht nur Touristen an, sondern viele Hamburger, die etwas für den sonntäglichen Kochtopf suchen. Hier gibt es immer etwas zu finden, zum Beispiel exotische Früchte, Blumen für die Liebste und natürlich leckeren Fisch – vom Seelachsfilet bis zum ganzen Hai!

Begeben Sie sich mit mir auf einen kulinarischen Einkaufsbummel und nehmen sich am besten nicht vor, etwas Bestimmtes zu kaufen. Denn man weiß nie, was gerade im Angebot ist. So ist es mir schon passiert, dass ich ein Fischfilet suchte und mit zwei Hummern wieder nach Hause ging – wie auch mit dem roten Kaviar. Mein Tipp: einfach mit Eiern, etwas Milch und einer Prise Pfeffer zu einem Omelette zubereiten; kein Salz!

Ich möchte Ihnen ein kleines Drei-Gänge-Menü empfehlen, das sich leicht zubereiten lässt: eine Mischung aus Leichtigkeit, etwas Handfestem und einer süßen Verführung. Und wenn nach einem spontanen Kauf mal die eine oder andere Zutat fehlt, dann gehen Sie einfach auf die nahe Reeperbahn, wo einige Supermärkte inzwischen auch sonntags geöffnet haben.

Im St. Pauli Museum wird eine schillernde Vergangenheit des Stadtteils präsentiert.

Vorspeise

Feldsalat mit Gésier und Honig-Senf-Sauce

8 – 12 Putenmägen	abspülen und auf kleiner Flamme 2 – 2 ½ Stunden zugedeckt mit reichlich Wasser köcheln lassen. Aus dem Topf nehmen.
2 EL mittelscharfen Senf	
1 EL körnigen Senf	
2 – 4 TL Honig	
1 EL Essig	
1 – 2 EL Sonnenblumenöl	zusammengeben und verrühren. Je nach Geschmack mit etwas
Senf oder Honig	abschmecken. Die Putenmägen jeweils in 4 – 5 nicht zu dünne Scheiben schneiden. In einer Pfanne
Entenfett (oder Bratfett oder Olivenöl)	erhitzen. Die Scheiben kurz scharf anbraten und dann auf kleiner Flamme kurz durchbraten. Vorsicht: Nicht zu lange – sonst werden sie hart. Das heiße Fleisch und einige
Pinienkerne	auf den Salat legen, anschließend mit etwas Sauce beträufeln.

Tipp: Als Aperitif eignen sich roter Porto oder Madeira.

Lassen Sie sich nicht von dem Namen schrecken. Gésier ist die französische Bezeichnung für den Putenvormagen oder Kaumagen, umgangssprachlich einfach »Putenmagen« genannt.

Tobias Christ, Kerstin Grumbach, Daniel Fecycz und Martin Krach sind im St. Pauli Museum für die Besucher da.

Hauptgang

Die Leber wird normalerweise gerne deftig mit Zwiebeln und Apfelkompott gegessen. Aber lassen Sie sich ruhig mal auf diese Variante ein... Sie werden überrascht sein.

Leber an Orangensauce mit Ratatouille und Kartoffeln

2 mittelgroße Auberginen	
8 mittelgroße Tomaten	
2 Zucchini	waschen und in mittelgroße Stücke schneiden.
50 ml Olivenöl	in einem großen Topf erhitzen und das Gemüse dazugeben. Zugedeckt bei mittlerer Hitze köcheln lassen. Nach ca. 10 Minuten mit
Salz, Pfeffer	würzen.
2 Knoblauchzehen	pressen und zugeben. Weiter bei geringer Hitze ziehen lassen, bis die Auberginen und die Zucchini weich sind und alles eine einheitliche Masse geworden ist. Kurz vor Ende
Kräuter der Provence (Thymian, Oregano, Basilikum etc.)	(frisch oder als getrocknete Mischung) hinzugeben.
600 – 800 g Leber (Schwein, Geflügel oder Rind)	waschen. In einer Pfanne mit Deckel (ansonsten im Topf)
Fett	erhitzen. Die Leber ganz kurz von beiden Seiten scharf anbraten. Den Deckel schließen und bei geringer bis mittlerer Hitze ca. 15 – 20 Minuten ziehen lassen. In den letzten 5 Minuten etwas
Rotwein	hinzugeben. Für die Sauce
6 – 8 Orangen (je nach Größe)	schälen und in Würfel schneiden. In einem Topf etwas Wasser (der Boden soll leicht bedeckt sein) zum Kochen bringen und die Orangen hinzugeben. Mit geschlossenem Deckel bei geringer Hitze köcheln lassen, gelegentlich umrühren. Nach ca. 15 – 20 Minuten je nach Geschmack

In St. Pauli ist gewerbliche Nutzung im Erdgeschoss und das Wohnen darüber fast schon Standard.

etwas Ingwer (gemahlen)	hinzugeben. Nach weiteren 10 Minuten
2 Schnapsgläser Marillenliqueur (oder Triple Sec/Sliwowitz/Rum)	zugeben. Noch ca. 10 Minuten warten, bis die Sauce wirklich flüssig ist. Je nach Geschmack vor dem Servieren durch ein Sieb geben.
8 mittelgroße Kartoffeln	schälen, vierteln und kochen. Nicht zu weich werden lassen. Alles heiß servieren.

Tipp: Die Leber aus der Pfanne nehmen und warm halten. Dann die Kartoffeln in die Pfanne geben und bei hoher Hitze kurz anbraten.

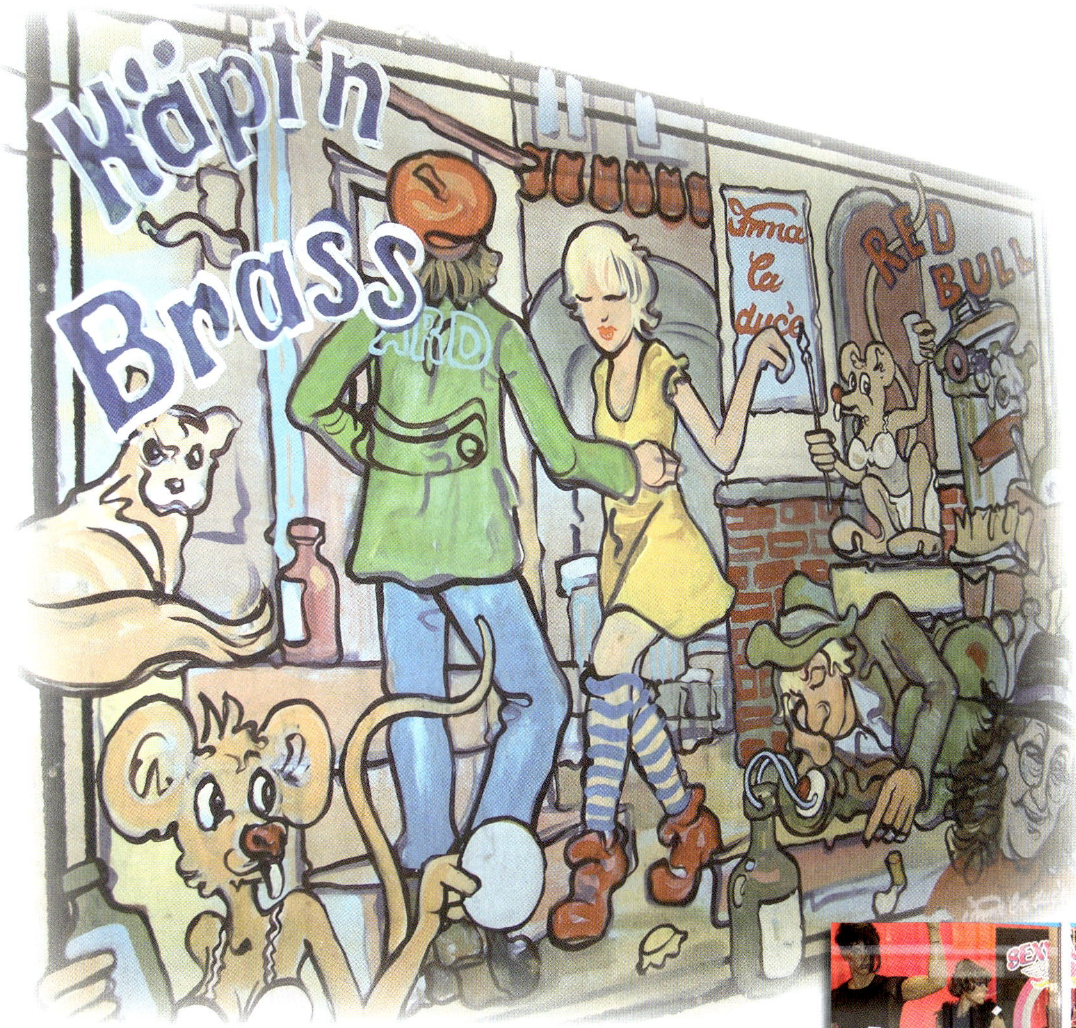

Schrille Farben fürs Outfit gefallen dem einen oder anderen St. Pauli-Gänger sehr.

Dessert

Birnentorte auf Schokoladenbiskuit

75 g Butter	(in Würfel geschnitten)
25 g bitteres, dunkles Kakaopulver	
50 g Zucker	
100 g Mehl	zu einem sandigen Teig verarbeiten.
1 kleines Ei	
1 Prise Salz	zugeben und durchrühren. Wenn sich der Teig von der Schüssel löst, in Klarsichtfolie einrollen und mindestens 1 Stunde in den Kühlschrank legen. Den Ofen auf 200 °C vorheizen. Zwei Drittel des Teigs ausrollen und in eine eingefettete Springform geben (ca. 20 – 22 cm Durchmesser) und aus dem verbliebenen Drittel einen ca. 3 cm hohen Rand formen. Den Teig ca. 20 Minuten in den Ofen geben, anschließend 30 – 45 Minuten abkühlen lassen. Den Ofen auf 100 – 120 °C einstellen.
3 – 6 Birnen (je nach Größe)	schälen, den Knust entfernen und halbieren. Anschließend auf dem vorgebackenen Teig in der Springform arrangieren.
50 ml Milch	
150 ml Creme fraiche (oder Schmand)	in einem Topf erhitzen. Sobald die Flüssigkeit zu kochen beginnt, den Topf vom Herd nehmen.
20 g Butter	
200 g geraspelte Schokolade (Kakaoanteil mind. 70 %)	hinzugeben. Rühren, bis alles geschmolzen und verbunden ist.
1 Ei	hinzugeben. Die Masse über die Birnen geben. Die Springform für 10 – 15 Minuten in den Ofen geben. Mit
etwas Puderzucker	bestreuen und warm oder kalt servieren.

Die Zeit ... was ist schon Zeit?!

Lassen Sie sich nicht verschrecken, die Zubereitung ist nicht schwer. Die Birnen sind ein Vorschlag. Also warum nicht auch anderes Obst wie Äpfel, gelbe Pflaumen, Nektarinen, Pfirsiche...

Tipp: Dazu einen süßlichen Weißwein, gerne auch einen Tokajer oder Muscat aus der Provence.

Guten Appetit wünscht Ihnen

Stefan Samson

Manches Fenster in St. Pauli gibt zum Ausdruck, dass man sich in einem bunten und schillernden Stadtteil befindet.

Die wahre Geschichte vom Eiergrog

Schaut man sich die Gebäude rund um den Fischmarkt aufmerksam an, fällt etwas Ungewöhnliches auf: Über der Eingangstür des Eckhauses Fischmarkt/Große Elbstraße ist ein Schild angebracht, dessen metallene Schnörkel die Worte »Eier-Carl« formen. Was hat dieser Name mit dem Irish Pub zu tun, das in dem Haus untergebracht ist?

Ein Wirtshaus mit Weltgeltung
Carl Cohrs, auch »Eier-Carl« genannt, war und ist in Hamburg eine stadtbekannte Persönlichkeit. 1903 übernahm er von seinem Vater eine Gastwirtschaft am Fischmarkt, die sich genau an der besagten Ecke zur großen Elbstraße befand. Das Schild weist noch heute darauf hin. Cohrs' international renommiertes Wirtshaus sorgte für einen regen Besucherzustrom und trug so dazu bei, dass der Fischmarkt bis weit über die Grenzen Hamburgs hinaus bekannt wurde.

Carl Cohrs führe »eine ganz einfache, aber durch Sauberkeit und gemütlichen Ton hervorstechende Gastwirtschaft, die bis an den Sund und bis in die Straße von Biscaya berühmt ist«, schwärmte ein Zeitgenosse. Das Gasthaus war bekannt in der Hamburger Hafenwelt. Man schätzte die Besuche dort sehr. »Auch die Geistesaristokratie steht in diesem Reigen nicht abseits; die Dichter Gorch Fock und Gustav Frenssen, die Lyriker Liliencron und Dehmel, sie alle haben hier gerastet«, heißt es in der Überlieferung.

Eiergrog und Operngesang

Die Einkehrer liebten Eier-Carls selbst gemixte Spirituosen wie Eisbrecher oder Knickebein, doch besonders berühmt war der Cohrs'sche Eiergrog, von dem auch der Name des Wirtshauses

Viele bekannte Bands und Interpreten spielten in der Großen Freiheit 39.

stammte. Außerdem war der kleine, »plattdütsch schnackende« Wirt als großer Opernfreund bekannt. Er förderte zahlreiche Sänger und verhalf unter anderem dem einstigen Werftarbeiter Carl Günther zu einer Karriere als Kammersänger.

Als Carl Cohrs 1937 verstarb, führte seine Witwe die Wirtschaft weiter, doch leider nicht sehr lange. Schon sechs Jahre später, im Kriegsjahr 1943, musste sie auf Anordnung der Nationalsozialisten schließen, und das berühmte Gasthaus verschwand vom Fischmarkt.

Noch heute erinnern sich einige Hamburger gern an Eier-Carls Zeiten, und vielleicht wird eines Tages wieder Original-Eiergrog am Fischmarkt ausgeschenkt. Dazu müsste natürlich erst einmal das Geheimnis um Cohrs' Rezepte gelüftet werden. Die wurden selbstverständlich streng gehütet.

Eiergrog I

1 Flasche Weißwein	zum Kochen bringen.
1 Flasche Eierlikör	dazugeben und noch kurz erhitzen. Grog in Tassen gießen und mit
Sahne	(geschlagen) als Häubchen obendrauf verzieren.

Eiergrog II

1 Eigelb	mit
1 EL Zucker	schaumig schlagen.
2 – 4 cl Rum	dazugeben und mit
0,75 l Milch	auffüllen.

Live Shows auf St. Pauli locken Besucher auf die »sündige Meile«.

Kaffee (mit Rum) für alle

Obwohl in St. Pauli gern getrunken, ist der Pharisäer der Überlieferung nach auf der nordfriesischen Insel Nordstrand im 19. Jahrhundert entstanden. Die männlichen Gemeindemitglieder von Nordstrand waren alle recht trinkfreudig. Zu jener Zeit amtierte dort der besonders asketische Pastor Georg Bleyer, der auch von der Kanzel gegen das Trinken von Alkohol predigte. So war es Brauch, in seiner Gegenwart nur Kaffee zu trinken.

Bei der Taufe eines Kindes im Jahr 1872 sannen die listigen Nordstränder auf Abhilfe und bedienten sich einer List. Sie nahmen große, bauchige Kaffeetassen und füllten starken Kaffee hinein. Dazu kam ein tüchtiger Schuss Rum und ein wenig Zucker. Eine Sahnehaube obendrauf machte die Tarnung perfekt. Sie verhinderte dabei, dass der Rum im heißen Kaffee verdunstete und es nach Alkohol roch. Selbstverständlich bekam der Pastor stets einen »normalen« Kaffee mit Sahne.

Bis dann zu fortgeschrittener Stunde die Tassen aus Versehen vertauscht wurden. Der Pastor trank, nahm prüfend einen zweiten Schluck, schaute ernst in die vom »Kaffee« geröteten Gesichter der Gäste und sagte: »Ihr seid mir richtige Pharisäer.« Damit hatte das Nationalgetränk der Nordfriesen nicht nur seine Geschichte, sondern auch seinen Namen.

Tagsüber schläft der Stadtteil St. Pauli. Nachts findet hier das Leben statt.

Pharisäer

½ l heißen, starken Kaffee	
4 x 3 EL Rum	(angewärmt)
4 TL Zucker	in 4 vorgewärmte Tassen geben.
⅛ l süße Sahne	(geschlagen) als Häubchen auf den heißen Kaffee geben.

Angler Muck

½ l Wasser	
½ l Rum	
4 EL Zucker	
8 EL Zitronensaft	in einen Topf geben und erhitzen, aber auf keinen Fall kochen lassen. Dann in Gläser füllen und bevorzugt trinken, wenn eine innere Aufwärmung nottut – zum Beispiel beim Angeln.

Ähnlich der Freiheitsstatue präsentiert sich das Café Keese an der Reeperbahn mit einem ganz besonderen »Aushängeschild«.

Nährstoffe für die Huren

An den einen oder anderen Job aus alten Zeiten erinnert sich Andreas Elbe gern. »Ende der 70er war es, da habe ich als Puff-Kellner gearbeitet. Den ganzen Tag die Reeperbahn 'rauf und 'runter mit dem Teller in der Hand.« Genau genommen war Andreas bei einem der ersten Essensbringedienste beschäftigt. »Die Firma nannte sich Deutsch-Chinesiche Küche mit Sitz am Hans-Albers-Platz.«, so Elbe. Und in den Puffs lagen die Speisekarten aus.

Er hatte gut zu tun, denn: »Damals gab es noch viel mehr Nutten als heute.« Sie waren der Kundenstamm für den Bringedienst. Elbe: »Da war das Eros Center. Oder die Herbertstraße.« Die Damen vom horizontalen Gewerbe erkannten die nahenden Speisen an dem jungen Mann mit dem Porzellanteller in der Hand. Sie seien mit dem Trinkgeld immer sehr großzügig gewesen.

Eines Tages hatte Andreas Elbe ein »liebes Mädel« aus der Herbertstraße näher kennen gelernt und sollte, so die Bitte der jungen Dame, ihr »Beschützer« werden. »Eigentlich geht die Initiative diesbezüglich ja meist von der anderen Seite aus«, erläutert Andreas, der zudem lieber aktiv sein »eigenes Geld verdienen« wollte. Also endeten bald Beziehung und Job auf der Meile. Das Rezept für den Eierlikör, den Andreas Elbe damals hin und wieder selbst zubereitet hat, finden Sie, liebe Leser, hier.

Die Restaurant-Meile am »Anfang« der Reeperbahn liegt gegenüber der U-Bahn-Station St. Pauli.

Eierlikör

3 Eier	in einen Mixbecher geben und schaumig schlagen.
250 g Puderzucker	sieben und löffelweise unter die Eimasse rühren
⅛ l Alkohol	zufügen und gut verrühren.
300 g Sahne (gut gekühlt)	schlagen und unter den Eierlikör rühren.
1 Flasche	auskochen und trocknen lassen. Dann den Eierlikör einfüllen. Dies ergibt bei den Mengenangaben ca. 0,6 l Eierlikör. Die Flasche gut verschließen und noch eine Zeit lang im Kühlschrank lagern.

Tipp: Am besten 90%igen Alkohol aus der Apotheke für den Eierlikör verwenden (Ethanol oder Weingeist). Das Ergebnis ist ein Likör mit ca. 20 % Vol. und geschmacklich zu variieren, wenn man anstatt der 3 Eier 6 Eigelb nimmt. Am besten beides ausprobieren. Andreas Elbe sagt: Prost!

St. Pauli lebt nicht vom Fremdenverkehr allein – auch Einheimische sind hier gern gesehen.

Erotic Drink (für 2 Personen)

4 Stangen Zitronengras	abziehen, waschen, die Enden im Mörser zerstoßen. Je 2 Stängel in hohe Gläser stellen.
1 Limette	auspressen und den Saft auf die 2 Gläser verteilen. Mit
Ahornsirup	nach Geschmack süßen.
Süßen Ingwer (in Scheiben)	hinzufügen.
0,3 l fruchtigen Weißwein	auf die Gläser verteilen.
0,1 l Litschi Champagner	dazugießen. Mit dem Zitronengras umrühren und mit
jeweils 2 frischen Litschis	garnieren.

Tipp: Man wählt am besten ein geeignetes Ambiente für die Zeit nach dem Drink.

Hans Albers ist überall auf St. Pauli präsent – wie natürlich auch hier, am Hans-Albers-Platz.

Rotwein-Teepunsch

½ l Rotwein	in einen Topf geben.
70 g Zucker	hinzufügen. Erhitzen (nicht kochen), bis der Zucker aufgelöst ist.
1 l heißen, schwarzen Tee	
¼ l Rum	zufügen. Nochmals kurz erhitzen und in feuerfeste Gläser geben. Mit einer Zitronenscheibe dekorieren und servieren.

Im Café Keese heißt es beim Ball Paradox: Damenwahl!

Begriffserläuterung

Andünsten/Anschwitzen Ein Lebensmittel in heißem Fett leicht rösten, ohne es zu braten. Das Lebensmittel soll nur glasig werden wie z. B. Zwiebeln.

Angießen Eine Flüssigkeit zufügen.

Ausbraten Den Speck so lange braten, bis das Fett herausgebraten ist.

Blanchieren Ein Lebensmittel in kochendem Wasser abbrühen und nach kurzer Zeit (ca. 1 – 5 Minuten) sofort herausnehmen. So bleibt das Gemüse bissfest und behält eine frische, kräftige Farbe.

Enthäuten von Tomaten Die Haut der Tomaten kreuzweise leicht einritzen, diese dann kurz in kochendes Wasser legen und herausnehmen. Die Haut lässt sich jetzt einfach mit dem Messer abziehen.

Entkernen von Tomaten und Gurken Bei vielen Gerichten würden Tomaten- und Gurkenflüssigkeit und Kerne die Speise verwässern. Die Kerne werden daher, nachdem das Gemüse halbiert wurde, mit dem Teelöffel entfernt. Das Tomateninnere kann man einfrieren und später für Suppen verwenden.

Garen/Köcheln Eine Speise sollte nicht stark kochen. Die Hitzezufuhr muss so gedrosselt werden, dass nur ein leichtes Aufsteigen von Kochblasen zu sehen ist.

Hagelzucker Ein sehr grober Zucker, der im Handel unter diesem Namen angeboten wird.

Legieren	Das Binden und Verfeinern von Gerichten mit Eigelb. Das Ei oder Eigelb wird mit warmer Flüssigkeit vermischt und unter ständigem Rühren in die nicht mehr kochende Speise gegeben.
Marinieren	Das Einlegen von Lebensmitteln in eine gewürzte Flüssigkeit, um der Speise einen besonderen Geschmack und bessere Haltbarkeit zu verleihen (z. B. Grillmarinaden für Fleisch, um es zarter werden zu lassen und es gut durchzuwürzen). Wie lange etwas eingelegt wird, ist dem jeweiligen Rezept zu entnehmen.
Pürieren	Ein gares Lebensmittel wird stark zerkleinert. Zum Beispiel werden die Zutaten für eine Suppe mit dem Pürierstab des Handrührgerätes zerkleinert, oder man streicht sie durch ein Sieb.
Schalotten	Büschelweise wachsende Zwiebeln, die geschmacklich feiner als normale Zwiebeln sind.
Schaumlöffel	Ein langstieliger Löffel mit Löchern, durch die Flüssigkeit abtropfen kann.
Stocken lassen	Das Garen von Eiern oder Eimasse unter mäßiger Hitzezufuhr. Bei diesem Vorgang darf nicht mehr gerührt werden.
Unterheben/Unterziehen	Eine schaumige Masse mit einer festen vermengen, um die Speise locker werden zu lassen. Dabei ist vorsichtiges Vermengen der Zutaten mit ziehenden Bewegungen wichtig.

Die Rezeptmengen in diesem Buch sind allgemein für 4 Personen abgefasst. Je nach Appetit können diese Mengen beim Nachkochen jedoch variiert werden. Abweichende Mengenangaben sind bei den entsprechenden Rezepten angegeben.

Abkürzungen

Msp.	Messerspitze
EL	Esslöffel
gestr. EL	gestrichener Esslöffel
TL	Teelöffel
g	Gramm
kg	Kilogramm
ml	Milliliter
cl	Zentiliter
l	Liter
ccm	Kubikzentimeter

Maße und Gewichte

1 gestr. EL Fett	15 g Fett
2 gestr. EL Fett	30 g Fett
1 gestr. EL Mehl	10 g Mehl
2 gestr. EL Mehl	20 g Mehl
1 kleine Zwiebel	30 g
1 mittelgroße Zwiebel	50 g
1 große Zwiebel	70 g
1 kleine Kartoffel	70 g
1 mittelgroße Kartoffel	120 g
1 große Kartoffel	180 g
1 kg	1.000 g
½ kg	500 g
1 Liter	1.000 ccm / 1.000 ml
¾ Liter	750 ccm / 750 ml
½ Liter	500 ccm / 500 ml
⅜ Liter	375 ccm / 375 ml
⅓ Liter	333 ccm / 333 ml
¼ Liter	250 ccm / 250 ml
⅛ Liter	125 ccm / 125 ml
1 TL (Teelöffel)	5 ml
1 EL (Esslöffel)	15 ml
1 Schnapsglas	2 cl / 20 ml
1 Tasse	150 ml
½ Tasse	75 ml

Rezeptregister, alphabetisch

Rezeptregister, nach Kapiteln

Suppen

Salate

Eintöpfe

Fischgerichte

Leckereien mit Gemüse

Aufläufe

Fleischgerichte

Nudelgerichte

Saucen

Basisgerichte

Süßspeisen

Kuchen und Gebäck

Getränke

Ganz persönlich